안녕,
나의
노무현

안녕,
나의
노무현

초판 1쇄 인쇄 2019년 5월 2일
초판 1쇄 발행 2019년 5월 9일

그린이 박운음
지은이 조진광

펴낸이 이상순 **주간** 서인찬 **편집장** 박윤주 **제작이사** 이상광
기획편집 이세원, 박월, 이주미 **디자인** 유영준, 이민정
마케팅홍보 이병구, 신희용, 김경민 **경영지원** 고은정

펴낸곳 (주)도서출판 아름다운사람들
주소 (10881) 경기도 파주시 회동길 103
대표전화 (031) 8074-0082 **팩스** (031) 955-1083
이메일 books777@naver.com
홈페이지 www.books114.net

생각의길은 (주)도서출판 아름다운사람들의 교양 브랜드입니다.

ISBN 978-89-6513-552-4 03300

이 도서의 국립중앙도서관 출판예정도서목록(CIP)은 서지정보유통지원시스템 홈페이지(http://seoji.nl.go.kr)와
국가자료종합목록시스템(http://www.nl.go.kr/kolisnet)에서 이용하실 수 있습니다. (CIP제어번호 : CIP2019015751)

세상에 단 하나였던 사람, 노무현 10주기 그래픽노블

안녕,
나의
노무현

그림 **박운음** ◉ 글 **조진광**

작가의 말

"그래, 혼자라도 하는 거다.
바보가 우직하게 하는 거다.
절실한 사람이,
사랑하는 사람이 하는 거다."

지난해 이른 봄, '노무현 대통령 귀향 10주년'을 맞아 그동안 봉하마을 가꾸기에 애써주신 전국의 자원봉사자들이 오랜만에 모여 기념행사를 했습니다. 사는 지역이 천차만별이라 멀리 봉하마을까지 한날한시에 모이는 게 쉽지 않은 일이었습니다. 어렵게 모인 이들이 이날 과연 무엇을 했을까요? 예, 맞습니다. 봉하마을과 화포천 청소입니다.

어디 봉하마을뿐이겠습니까. 서울, 광주, 대전, 대구, 부산…… 지역마다 수시로 열리는 노무현 대통령과 노무현재단 관련 행사에서 언제나 두 팔 걷어붙이고 땀 흘려온 '바보'들까지, 나이도 성별도, 지역도, 직업도 저마다 다른 생면부지의 사람들을 이렇게 깊고 따뜻한 인연으로 뭉치게 한 힘은 어디서 왔을까? 어떤 보상이나 보답, 대단한 명예가 뒤따르는 것도 아닌데, 적게는 1~2년에서 많게는 10년씩이나 이들을 불러 모은 화수분 같은 에너지의 원천은 무엇일까?

정답이 뻔한 질문을 던져놓고 나니, 또 다른 질문들이 연이어 저희들을 따라왔습니다.

'노무현 대통령과 봉하마을 10년. 우리가 해야 할 일은 무엇일까? 무엇을 어떻게 말해야 할까?'

〈안녕, 나의 노무현〉은 바로 여기서 시작되었습니다. "우리 만나자!"는 전화 한 통이 물꼬를 텄고, 이어진 첫 미팅에서 책의 주요 내용과 등장인물, 구성 등 출간 기획이 일사천리로 이뤄졌습니다. 평소 '노무현과 봉하'를 화두로 오랜 우정을 쌓아온 두 작가의 이심전심이었습니다.

1년여에 걸친 자료 조사와 인터뷰, 집필, 작화를 거쳐 마침내 책이 완성되었습니다. 출간을 앞두고 돌이켜보니 저희 두 사람에게 〈안녕, 나의 노무현〉은 책 출간이라는 결과물보다 한 페이지 한 페이지를 만들어 가는 과정이 가장 큰 선물이었던 것 같습니다. 글과 그림으로 노무현과 그의 체온이 담긴 봉하마을 곳곳의 이야기를 보고 듣고 만났던 시간은 우리에게 아주 특별한 추억이 되었습니다. 무엇보다 봉하 10년을 만들고 지켜준 수많은 '바보'들과의 재회는 정말 잊지 못할 겁니다.

감사드려야 할 분들이 너무나 많습니다. 주저리주저리 저희 이야기를 하는 것보다 그분들의 이름을 한 번씩 더 불러보는 것으로 작가의 말을 마치려고 합니다. 기억력의 한계, 자료의 미비로 미처 이름을 적지 못한 분들께 진심으로 송구하단 말씀 전합니다.

강란유, 40대아지매, 가야왕, 가연엄니, 가연이, 가인블루, 가행수, 간이역, 감동ㅠㅠ, 감초, 강길원, 강명수, 강성칠, 강은영, 강행중, 강희철, 개성만점, 개혁, 거을래, 거창떼기, 건너가자, 경산찔레, 경순공주, 고메, 고물버스, 고물버스차장, 공정사회, 공주, 곽성임, 관조, 광주리더스, 광화문혜진, 구름71, 구름이, 구자경, 구정희, 권성선, 권성술, 귀남이, 그리운미소, 금손가락, 기억의편린, 김경수, 김권승, 김남희, 김명신, 김몽필, 김민주, 김복임, 김상균, 김세희, 김순영, 김승아, 김아진, 김애리, 김예원, 김옥선, 김장대, 김정애, 김종화, 김준권, 김해공항, 김현철, 김희순, 깜쏜, 깜장냥이, 깡패마누라, 꼬맹이, 꼭지, 꾸시, 꿈꾸는정원, 나눔이, 나래, 나모버드, 나무숲산, 나무십자가, 나비, 나지수, 낚돌, 난설헌, 날밤, 날술, 낮은사람, 내가꿈꾸는세상, 내사노, 내사랑, 네임펜, 네잎클로바, 노경화, 노공이산, 노랑경, 노랑볼, 노브레이크, 노짱과효리,

노짱폴리스, 농군 정호, 뉴욕 나그네, 느티나무의사랑, 늘보, 능소화, 다보, 다우, 달바라기, 달성댁, 닭궁물, 답답, 대추, 대한다솜, 대한창조, 데비트, 도레미아줌마, 도미니칸, 도봉솟대, 도영사랑, 도원경, 도토리, 동대산신, 동동, 동물원, 동바리, 동서통합, 동해, 두리, 두위봉, 드라카, 랄라, 러브테라, 레몬림이, 루핀, 릴라, 마도로스, 마음바라기, 마음읽기, 마터, 만사형통, 만허공, 맑은샛별, 맑은숲향기, 망고스틴, 메뚜기아빠, 명계남, 명선, 모범시민, 무소유, 무쏘궁댕이, 무안사랑, 무적, 무지개써니, 무한, 무현동상, 문고리, 물안개, 미로사랑, 미르, 미르의전설, 미술관, 미키루크, 미피, 민철기, 민트, 바다낚시, 박대림, 박몽선, 박병국, 박상윤, 박영근, 박용호, 박정표, 박춘발, 반딧불, 반쑤봉, 밥풀꽃, 방긋, 배야, 배진석, 백상만, 보미니성우, 보코, 보험설계사, 볼펜과연필, 봉길, 봉하들녘에서, 봉하입학생, 봉화치우, 부사비, 부산싸나이, 부용산, 붉은인동, 붕어마니, 비피, 빈들에서, 빈양럽, 빠사, 뽀띠, 사노라, 사람만이희망, 사회복지사, 삭삭, 산마루, 산사랑, 산사랑12, 새날, 서면백산, 서승경, 서울농부, 서위, 서장미, 선달, 성달이, 성주, 세찬, 소나무, 소심줄, 소이부답, 솔바람1234, 송로하심, 송산, 수로비, 수호천사, 순간순간마다, 순대아짐, 순수나라, 스파이크, 승윤봉, 신동기, 신시아, 신현국, 싸우라비, 아랫마을칠복이, 아름드리 나무, 아바카, 아임루시(스프링

66), 아재, 아지매, 안수아, 안준서, 알앤오즈, 야단법석, 양경순, 양란, 양혜정, 얼라리오, 얼음공주, 엉경키, 엘살바도르, 여명옥, 여전사65, 여정, 여행우체통, 염화시중, 영원한지지자, 영원히 노짱, 영이, 오말임, 오직한마음, 온누리사랑, 우사미짱, 우연히, 우천, 운명, 울랄라콩, 워싱턴불나방, 원더우먼, 원정봉하, 원칙과상식, 유명진, 윤태영, 윤희정, 율리아, 은산, 은재, 은하철도999, 의령, 이강토, 이규진, 이길상, 이노래, 이도영, 이도형, 이순영, 이얍, 이용택, 이재영, 이천수, 이혜영, 이호철, 일산봄봄, 임지은, 자봉, 장미, 장철영, 장유촌놈, 전지현, 정규원, 정대아빠, 정도행보, 정영세, 정은재, 정의를 꿈꾸는 자, 정의파, 정찬민, 정천수, 정혜정, 제이봉, 조동호, 조성미, 좌파, 주선오, 죽장망혜, 중전마마, 지금여기, 지데, 지역발전, 진걸이, 진영 김경수, 진영지기와 미자씨, 진정한서민, 진화, 짱구, 짱구아빠, 짱구엄마, 짱사랑짱, 쪽상 부부, 차루, 차영준, 천안대감, 초록소리샘, 초롱, 최선의과정, 최용기, 최훈성, 충주사과, 충청도아지매, 큰다산, 클라우드, 토르, 투덜투덜투덜이, 파란노을, 평화로움, 포터, 푸른솔, 푸른군산, 푸른내음, 푸른지팡이, 풋맨, 풍가람, 필승, 하늘과바다, 하늘이, 하늘이네, 하늘이엄마, 하늘처럼…, 하동수, 하만윤, 하와이, 하하, 한걸음씩, 한나무, 한지붕, 항구, 해를꿈꾸는별, 해인삼매, 행복한고양이집사, 행복한꿈쟁이, 행복한미소, 허

현구, 현우, 현지, 호미든, 호빵, 혼자서도잘해요, 홍길주, 홍배영, 홍차서점, 화원, 황찬선, 횡성한우, 훈이아버지, 희망깨비, 희성, 히든카드, 힘내세요 님, 그리고 전국의 깨어있는 시민들께 감사드립니다. 사람사는세상 노무현재단, (제)아름다운봉하, 농업회사법인 ㈜봉하마을 직원 및 관계자 여러분, 고맙습니다. 모두의 건승을 빕니다.

끝으로 사랑하는 가족들과 노무현 대통령님께 감사드립니다. 당신들께 이 책을 바칩니다. 강물은 바다를 포기하지 않습니다. 강물처럼!

2019년 5월 2일
벚꽃이 다 지고 난 오월에 서서
조진광, 박운음 올림

차 례

끝의 시작

2003년

제 16대 대통령 취임(2월 25일)

나는 헌법을 준수하고, 국가를 보위하며, 조국의 평화적 통일과 국민의 자유와 복리의 증진 및 민족문화의 창달에 노력하여, 대통령으로서의 직책을 성실히 수행할 것을 국민 앞에 엄숙히 선서합니다!

'전국 검사들과의 대화' 공개토론(3월 9일)

전국 검사들

대통령님은 토론의 달인이고, 저희는 아마추어인데, 이 토론 좀 무의미하지 않습니까?

과거에 대통령님께서 83학번이라는 보도를 봤습니다. 내가 83학번인데 내 동기생이 대통령이 되셨구나, 이런 생각을 했습니다.

취임 전에 부산 동부지청장에게 청탁 전화한 적 있죠?

정말 이런 식으로 토론하시렵니까? 이쯤 가면 막 하자는 거지요?

15

대통령 별장 '청남대', 국민들 품으로(4월 18일)

"저는 어제 대통령 별장인 이곳 청남대에서 처음이자 마지막 밤을 보냈습니다. 지금은 새벽 5시, 아직은 어둡지만 저는 새로운 대한민국의 아침을 봅니다. 날이 밝으면 저는 이 청남대를 국민 여러분께 돌려드리고 청와대 집무실로 다시 돌아갑니다."

"앞으로 국민 여러분의 사사로운 이익이나 집단의 이기로 보면 참 인기 없는 대통령이 될지도 모릅니다. 그러나 국민 여러분 마음속에 대의(大義)가 살아있는 한, 저는 주저 없이 행동하는 희망이 될 것입니다. 호랑이처럼 보고, 소처럼 나아갈 것입니다."

제58주년 광복절 경축사에서 전시작전통제권 환수 천명(8월 15일)

자주독립국가는 스스로의 국방력으로 나라를 지킬 수 있어야 합니다.

우리 국군은 6·25전쟁을 거친 이후 꾸준히 성장하여 능히 나라를 지킬만한 규모를 갖추고 있습니다. 그럼에도 아직 독자적인 작전 수행의 능력과 권한을 갖지 못하고 있습니다.

미국의 안보전략도 수시로 바뀌고 있습니다. 미국의 전략이 바뀔 때마다 국방정책이 흔들리고 국론이 소용돌이치는 혼란을 반복해서는 안 됩니다.

대책 없이 미군철수 반대만 외친다고 될 일도 아닙니다. 이제 현실의 변화를 받아들일 때가 되었습니다.

저는 저의 임기 동안, 앞으로 10년 이내에 우리 군이 자주국방의 역량을 갖출 수 있는 토대를 마련하고자 합니다. 이를 위해 정보와 작전기획 능력을 보강하고, 군비와 국방체계도 그에 맞게 재편해 나갈 것입니다.

한미정상회담, 부시 대통령과 용산 미군기지 조기 이전 합의(5월)

제주 4·3 사건 정부 차원 최초의 공식 사과(10월 31일)

과거 사건의 진상을 밝히고 억울한 희생자의 명예를 회복시키는 일은 비단 그 희생자와 유족만을 위한 것이 아닙니다.

대한민국 건국에 기여한 분들의 충정을 소중히 여기는 동시에 역사의 진실을 밝혀 지난날의 과오를 반성하고, 진정한 화해를 이룩하여 보다 밝은 미래를 기약하자는 데 그 뜻이 있습니다.

"이제 우리는 4·3 사건의 소중한 교훈을 더욱 승화시킴으로써 평화와 인권이라는 인류 보편의 가치를 확산시켜야 하겠습니다."

2004년

지방화와 균형발전시대 선포식(1월 29일)

참여정부는 '지방분권과 국가균형발전'을 주요 국정과제로 삼고 있습니다.

'동북아 경제 중심'과 함께 '지방화'를 반드시 이루어야 할 국가발전의 핵심전략으로 추진하고 있는 것입니다.

목표는 전국이 개성 있게 골고루 잘사는 나라를 만드는 것입니다. 적어도, 저의 임기 중에 그간 서울로, 서울로만 올라오던 이삿짐 보따리를 다시 지방으로 내려보내는 전환점을 만들고자 합니다.

지방을 혁신의 주체, 역동적 발전의 주체로 착실히 육성해 나감으로써 '지방화를 통한 국가의 선진화'를 실현해 나가도록 하겠습니다.

대통력 탄핵소추안 국회 의결, 대통령 직무 정지(3월 12일)

'정치적 중립성'을 이유로 여당인 열린우리당이 반발하는 가운데 새천년민주당과 한나라당, 자유민주연합의 주도하에 찬성 193표, 반대 2표로 대통령 탄핵소추안 통과.

탄핵 반대 촛불집회 전국 확산, 4월 15일 치러진 제17대 국회의원 총선거에서 한나라당은 '탄핵 역풍'을 맞는다. 4·15 총선에서 열린우리당은 과반이 넘는 152석을 차지, 제1당이던 한나라당은 121석을 얻어 제2당이 된다. 새천년민주당은 9석, 자유민주연합은 4석을 얻는 데 그쳤다.

5월 14일 헌재에서 탄핵소추안 기각, 노 대통령은 탄핵소추 64일 만에 다시 대통령 직무에 복귀한다.

19

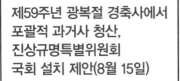

제59주년 광복절 경축사에서 포괄적 과거사 청산, 진상규명특별위원회 국회 설치 제안(8월 15일)

광복 예순 돌을 앞둔 지금도 친일의 잔재가 청산되지 못했고, 역사의 진실마저 제대로 밝혀지지 않았기 때문입니다.

지금 이 시간, 우리에게는 애국선열에 대한 존경만큼이나 얼굴을 들기 어려운 부끄러움이 남아있습니다.

밝힐 것은 밝히고, 반성할 것은 반성해야 합니다. 그 토대 위에서 용서하고 화해할 때 진정한 용서와 화해가 있을 수 있습니다.

또한 과거 국가권력이 저지른 인권침해와 불법행위도 그 대상이 되어야 합니다. 진상을 규명해서 다시는 그런 일이 없도록 해야 할 것입니다.

저는 이 자리를 빌려 지난 역사에서 쟁점이 됐던 사안들을 포괄적으로 다루는 진상규명특별위원회를 국회 안에 만들 것을 제안드립니다.

이라크 자이툰 부대 방문(12월 8일)

감사하고 자랑스럽습니다. 그리고 정말 기쁩니다!

처음에 파병할 때 많은 고심을 했습니다. 명분, 국익, 안전 등에 대한 기준이 각기 달라 논란이 많이 있었습니다.

그중에서도 안전은 누구도 이의를 제기할 수 없는 공통의 관심사였기 때문에 많은 걱정을 했습니다.

오늘 보니 또 한번 우리 군의 능력이 증명되는 것 같습니다. 여러분이 하는 일은 이라크에서 평화를 재건하고, 한국군의 이미지를 심는 것이며 그것이 한국의 이미지가 될 것입니다.

나도 여러분의 통수권자로서 부끄럽지 않게 하겠습니다. 정치 지도자로서 양심에 부끄러움이 없도록 최선을 다하겠습니다. 이익과 명분이 부딪칠 때 이익을 선택하지는 않을 것입니다. 작은 수단과 방법의 오류는 있더라도 큰 흐름에서 대의는 지켜나가겠습니다.

2005년

첫 대·중소기업 상생협력 대책회의 주재(5월 16일)

이미 권력은 시장으로 넘어간 것 같습니다.

우리 사회를 움직이는 힘이 시장에서 나오고 있고, 시장의 여러 경쟁과 협상에 의해 사회가 나아가는 방향이 결정되는 것 같습니다.

정부는 시장을 공정하게 잘 관리하는 것이 중요합니다.

대기업과 중소기업이 함께 가는 방안이 있어야 합니다.

역시 이것도 기본적으로 시장에서 이뤄져야지 정부가 정책적으로 간섭하는 것은 바람직하지 않습니다.

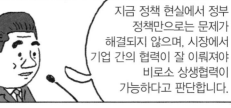

지금 정책 현실에서 정부 정책만으로는 문제가 해결되지 않으며, 시장에서 기업 간의 협력이 잘 이뤄져야 비로소 상생협력이 가능하다고 판단합니다.

대화의 장에서 좋은 아이디어가 나오면 정부가 최대한 협력과 지원을 해서 우리 경제가 상생하는 관계가 되었으면 합니다.

제13차 APEC 정상회의 '부산선언'(11월 19일)

회원국 정상들은 역내 무역 자유화 일정을 규정한 '보고르 목표'의 중요성을 재확인하고, '부산로드맵'을 통해 목표 달성에 노력한다는 내용의 '부산선언'을 채택했다.

'부산선언'으로 APEC 회원국들은 역내 국민의 후생을 위해서 무역 자유화를 계속 증진해야 한다는 데 의견을 같이했다.

이어 '안전하고 투명한 아·태 지역' 목표와 관련해 국민의 생명 보호와 기업의 안전을 위한 대테러 활동을 강화하고, 이러한 노력이 선정(善政)과 인권, 거래 비용에 부정적인 영향을 미치지 않도록 노력하기로 했다.

노 대통령은 선언문 외에 정상회의에서 채택한 북핵 성명을 낭독했다. 북핵 성명에서 "APEC 정상들은 최근 6자회담에서 검증 가능한 한반도 비핵화를 위해 긍정적인 진전들이 이루어진 것을 환영했다"면서, "우리는 이러한 진전들이 이 지역의 평화와 안정, 그리고 번영에 기여할 것으로 기대한다"고 밝혔다.

2006년

청와대 업무관리시스템 e지원 특허 등록(2월 13일)

이지원(e知園)

이지원은 청와대 업무프로세스를 정의하고, 자료의 축적과 공유체계를 확립해서, 불투명한 보고체계를 정비하고, 과제를 효율적으로 관리하자는 것이다.

그래서 국정운영 상황을 언제든지 확인하고 점검할 수 있도록 하는 것이 노 대통령의 구체적인 목표였다.

이지원의 일하는 방식 혁신은 곧 '시스템 혁신'이었으며, '시스템을 통한 국정운영'이 가능하도록 하는 수단이었다.

행정업무의 정보처리과정을 시스템화하여 정책의 투명성과 책임성을 높이고, 모든 업무를 기록하고, 공유와 공개를 원칙으로 내부 업무를 관리했다. 이를 통해 참여민주주의를 구현하려고 한 이지원은 곧 시스템 민주주의다.

정부 최초의 여성 국무총리 한명숙 총리 임명(4월 20일)

한일관계 특별담화 발표(4월 25일)

존경하는 국민 여러분, 독도는 우리 땅입니다.

그냥 우리 땅이 아니라, 40년 통한의 역사가 뚜렷하게 새겨져 있는 역사의 땅입니다.

독도는 일본의 한반도 침탈 과정에서 가장 먼저 병탄되었던 우리 땅입니다. 일본이 러일전쟁 중에 전쟁 수행을 목적으로 편입하고 점령했던 땅입니다.

2007년

참여정부평가포럼 특별강연(6월 2일)

앞으로 우리나라는 민주주의가 발전하는 만큼 발전할 것입니다. 우리 아이들이 누려야 할 아름다운 세상을 위해 민주주의를 제대로 성장시켜야 합니다.

참평포럼은 참여정부에 대한 불공정하고 왜곡된 평가를 바로잡는다는 취지로 같은 해 4월 출범한 모임이다.

강연은 당초 2시간으로 예정되었지만, 노 대통령의 요청으로 1·2부로 나누어 3시간 반 동안 진행되었다.

노 대통령은 임기 마지막 해의 중반을 넘어가는 시점에서 국정 전반의 정책 성과와 현안에 대한 입장을 비롯해, 자신이 생각하는 우리 사회와 정치의 비전을 이야기했다.

행정중심복합도시 세종특별자치시 기공식(7월 20일)

참여정부는 균형발전정책을 가장 우선적인 국가정책으로 추진하고 있습니다.

가장 핵심적인 전략은 지역의 혁신 역량을 강화하는 일입니다.

행정 중심 복합도시 균형발전의 역사적계기

균형발전은 지방만을 위한 정책이 결코 아닙니다. 수도권에도 큰 이익이 되는 일입니다.

수도권을 비워야 경쟁력이 더 높아집니다.

균형발전으로 수도권이 숨통을 틔게 되면, 보다 계획적인 관리를 통해 새롭게 재창조될 수 있습니다.

우리 모두의 역량을 모아 세계에 자랑할 만한 행복도시를 만듭시다. 국가균형발전을 성공시켜 우리 아들딸들에게 살기 좋은 국토, 더 경쟁력 있고 번영된 대한민국을 물려줍시다.

10·4 남북정상선언(10월 2일~4일)

"저는 이번에 대통령으로서 이 금단의 선을 넘어갑니다. 제가 다녀오면 또 많은 사람들이 다녀오게 될 것입니다. 그러면 마침내 이 금단의 선도 점차 지워질 것입니다. 상벽은 무너질 것입니다."

"임기를 마치고 정치와 작별한다고 생각하니
허전한 마음도 없지 않았지만 설레는 기분도 들었다.
이젠 아홉 시 뉴스와 아침신문을 가슴 졸이지 않고 볼 수 있겠구나.

귀찮고 하기 싫었던 화장을 할 필요가 없고,
아침마다 거울을 보며 머리카락을 만지지 않아도 되겠구나.

깊은 안도감과 퇴임 후 삶에 대한 설렘을 가슴에 품고
청와대의 마지막 밤을 편안하게 보냈다."

– 노무현 대통령 자서전 〈운명이다〉 中

네, 노무현 대통령께서
지금 화답을 위해서 무대 앞으로
나오셨습니다~!

우리 진영어린이무용단 여러분 멋진 무대 고맙습니다. 마치 할아버지 할머니 앞에서 재롱을 피우는 손자 손녀의 모습처럼 참 보기 좋았습니다.

히~

오늘은 비록 용돈이 없습니다만~

하하하하

대신 오늘 우리 친구들에게 노무현 대통령님과 함께 기념 촬영하는 선물을 줬으면 합니다.

대통령님, 괜찮으시죠?

끄덕끄덕

네, 여러분 다시 한 번 뜨거운 박수 부탁드립니다!

짝짝짝짝짝

자 찍습니다. 하나, 둘, 셋!

수고했어요!

어린이들 한 명
한 명에게 수고했단 말을
아끼지 않고 계시는
노무현 대통령입니다.

네~! 밑에 계시는
우리 악단 여러분들이
조금 부러우실 것
같은데요?

악단은 나중에
갈게요. 꼭이요!

네~ 우리의 가락과
서양의 클래식이 어우러진
멋진 공연을 보여주신
전북도립국악단 단원
분들께 다시 한 번 큰 박수
부탁드립니다!

다음은 노무현 대통령의 인생역정을 담은 영상을 함께 보시겠습니다.

1946년 9월 1일 봉하마을

가난했지만……

당당했던 소년이 있었습니다.

"당신은 실패한 대통령입니까? 당신의 5년은 짧았지만, 훗날 대한민국은 당신의 5년을 참 오래 기억할 것 같습니다."

"그동안 당신 덕분에 참 행복했습니다."

"그동안 당신 덕분에 참 행복했습니다." 마지막 나레이션이 정말 멋지고 감동적이네요. 대통령님, 저도 그동안 대통령님 덕분에 참 행복했습니다.

자, 이제 권양숙 여사님께서 귀향 인사를 하시겠습니다.

5년간 성공적인 국정 운영이 가능했던 이유, 바로 영부인의 내조가 있었기 때문일 텐데요. 모두 큰 박수로 맞이해 주시기 바랍니다.

여러분 정말 반갑습니다. 오랜 타향살이를 마치고, 이제야 어머니 품과 같은 고향으로 돌아왔습니다.

이곳으로 내려오는 동안 참으로 많은 생각들이 들었습니다.

지나온 세월이 어제 일처럼 느껴지기도 했고, 아득히 먼 옛날의 추억처럼 다가오기도 했습니다.

여사님, 사랑합니다!

고생 많으셨습니다.

여사님, 너무 예쁘세요~

바로 5년 전 오늘이 남편이 대통령으로 취임하던 날입니다.

그날 저는 소박하지만 절실한 약속 하나를 제 마음속에 담았습니다. 대통령 부인으로서 한발 먼저 나서지도 않고, 한발 뒤처지지도 않으리라는 그런 다짐이었습니다.

그것이 대통령의 동반자로서 제가 해야 할 도리이자 책무라고 생각했습니다.

돌아보면 참여정부의 지난 5년은 끊임없는 도전과 혁신의 시대였던 것 같습니다.

구시대의 낡은 권위주의를 청산하고 새로운 정치문화와 균형발전 그리고 복지와 평화를 향해 나아간 진보의 역사였습니다.

그러나 이 과정에서 국민 여러분의 기대와 염원에 미치지 못한 경우도 많았고, 반대로 현실보다 너무 앞서가는 일도 많았습니다.

그래서 때로는 실망스럽고 때로는 혼란스럽게 보이기도 했을 것입니다.

저 역시 좀 더 잘했더라면 하는 아쉬움이 들 때도 많았습니다. 무엇보다 대통령님의 진심이 잘못 전달되고, 그로 인해 많은 상처를 입어야만 했을 때, 아내로서 힘이 되어주지 못하는 제 자신이 한없이 부끄러웠습니다.

아닙니다. 정말 잘하셨습니다!

권양숙 여사님, 사랑합니다~!

그래서 더 열심히 일했던 것 같습니다.

…

남편을 믿고 국민 여러분을 믿고 성심으로 일했습니다. 적어도 시대가 부여한 역사의 소임에 충실하기 위해 대통령님과 참여정부는 최선을 다했다고 생각합니다.

그 곁에는 늘 여러분이 계셨습니다.

여러분이 계셨기에 흔들리지 않고 외롭지 않게 일할 수 있었습니다. 여러분께서 베풀어주신 관심과 성원, 그리고 사랑, 결코 잊지 않겠습니다.

앞으로도 여러분의 기대에 어긋나지 않고 여러분께서 주신 그 모든 은혜에 보답할 수 있도록 매순간 최선을 다해 나아가겠습니다. 국민 여러분, 대단히 감사합니다.

네 대통령님뿐만 아니라 4천 5백만 모든 국민을 내조해주셨던 우리의 영부인께 다시 한 번 뜨거운 박수 부탁드리겠습니다.

예. 이제 드디어 여러분이 가장 기다리던 순섭니다.

무슨 말이 더 필요하겠습니까. 오늘의 주인공이신 노무현 대통령님께서 여러분들께 인사하시겠습니다. 여러분, 다시 한 번 뜨거운 함성과 박수 부탁드리겠습니다.

아이고, 여러분. 이럴 때는 박자를 딱딱 맞춰야 합니다. 다시 시작, 노무현!

감사합니다. 예. 감사합니다. 이제 시작하겠습니다.

여기 마당이 좀 좁습니다.

괜찮습니다~ 괜찮습니다~

제가 서 있는 여기서 왼쪽이 제가 어릴 땐 포도밭이였습니다.

오른쪽은 그냥 보리밭이었고요. 매우 낮은 밭이었죠.

지금 서있는 자리에선 개울이 흐르고 있었는데

어디 가버리고 없네요.

그 도랑둑에서 바로 저쪽에 있는 집이 제가 어릴 때 살던 집이에요.

저도 가봤습니다!

어릴 때는 저 개울을 건너가려면 한참 달려야 됐는데 지금 보니까 아주 좁네요.

하 하 하 하

실은 마당이 좁은 것이 아니고 여러분들이 많이 오셔서 비좁은 것 아닙니까. 그렇지요?

예! 짝 짝 짝

하여튼 마당이 넘칠 정도로 많이들 오셨어요. 감사합니다.

와~ 짝 짝 짝 짝

제가 밀양역에서 내려가지고 수산을 거쳐서 이쪽으로 오는 길까지 쭉 노란 풍선을 달아놓으셨더라고요.

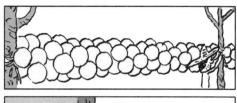

고맙습니다!

짝 짝
짝 짝
짝

저도 부지런한 사람인데 저 같으면 못하겠어요.

하 하
하 하

근데 여러분들께서 해주셨습니다. 풍선을 달면 어떻고 안 달면 어떻겠습니까만 여러분 정성이 너무 고맙습니다. 그래요, 그런 여러분들 덕분에 제가 대통령이 됐고, 그리고 이제 무사히 고향에 돌아왔습니다.

박수~
와아~
쉰만은연왔셌다
행복했습니다
짝 짝 짝 짝
짝 짝

감사합니다. 근데 잘 못했다는 사람이 더 많습니다.

하 하
하 하

아닙니다

유감스럽게도 잘 못했다는 사람이 더 많아요.

아닙니다! 그 사람들이 뭘 몰라서 그래요. 욕심이 많고~

여러분.
좀 잘했으면 어떻고,
좀 못했으면
어떻습니까!

그냥 열심히 했습니다.
예, 열심히 했고요.
오늘 이 자리에 와서 보니까
대통령 5년 동안 가장 보람된
시간이 언제였냐 묻는다면,
이렇게 말하고 싶습니다.

대통령 5년 동안에
가장 보람된 시간이 언제였냐
누가 묻는다면,

대통령 마치고,
고향 내려와,
고향 사람들하고,

그리고 내보고 잘했다고 말하는 사람들하고,

이렇게 다 함께 모셔놓고 귀향 보고를 하는 이 시간이 가장 행복했다 이렇게 말하겠습니다!

고맙습니다. 여러분, 저는 고향에 돌아왔습니다. 여러분들과 똑같은 시민으로 돌아왔습니다. 아울러 5년 전에 저를, 도저히 불가능한 사람을 대통령으로 만들어주셨던 그 특별한 시민들 속으로 돌아왔습니다.

이제 당분간 여기 고향에서 좀 여유를 느껴보고 싶습니다. 지나온 날을 회상하면서, 옛날에 함께했던 친구들과 이렇게 다정한 시간을 보내고 싶습니다.

감사합니다! 사랑합니다!

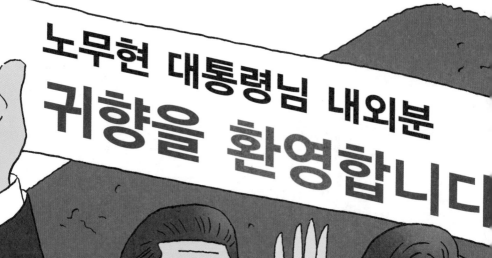

노무현 대통령님 내외분
귀향을 환영합니다

1부
1장

노무현의 봄(春)

"기성세대가
다음 세대에게 줄 수 있는
선물이 뭘까요?"

"도시를 쾌적하게 만들고 품위 있는 문화를 가진 나라를
만들어주는 것도 중요하지만, 저는 우리 농촌을 환경과 문화적으로
복원해 후손들에게 녹지를 물려줘야 한다고 생각합니다."

– 2007년 3월 20일. 국민과 함께하는 수요자 중심 업무보고(농·어업인)

2008년 2월 25일. 대한민국 대통령 최초로 퇴임 뒤
고향으로 돌아간 노무현 대통령.

1975년 9월 사법연수원에 들어가기 위해
고향을 떠난 지 33년 만이었다.

세월을 성큼 건너뛰어 이젠 반백이 된
옛 친구들과 마을 주민들, 대통령의 귀향을
축하하러 일부러 먼 길을 찾아온 수많은
인파들이 그를 마중했다.

귀향 환영무대에 선 대통령은 말 한마디, 표정 하나하나마다
벅찬 행복과 기쁨을 그대로 드러냈다.
끝의 시작, 행복한 출발이었다.

이튿날 아침. 봉하마을에 사람들이 몰려들기 시작했다.
사저 앞은 대통령을 만나기 위해 전국에서 몰려든 방문객들로 문전성시를 이뤘다.

"대통령님 나와주세요", "대통령님 보고
싶어요", "사랑해요 대통령님~", 손나팔을
불며 대통령을 부르는 시민들의 외침 때문에
고요했던 봉하마을이 들썩였다.

엄마 아빠를 따라온 아이들의 재잘거림,
대통령을 만날 수 있다는 기대와 흥분에 들떠
있는 어른들, 팔도 사투리가 다 모여있는 듯한
만남의 광장에는 언제나 웃음꽃이 만개했다.

퇴임 후 생활이 적적하지 않을까 했던 대통령의 생각은 기우였다.
아니, 그 반대였다. 밥을 먹다가도, 회의를 하다가도, 잠시 책이라도 볼라치면
방문객들의 애절한 부름에 하던 일을 멈추고 밖으로 나갔다.

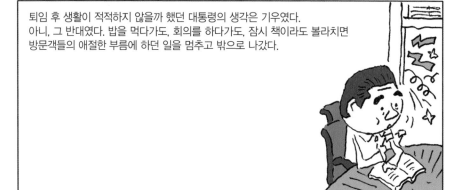

자전거로 봉하들판과 화포천을 둘러보려 나설 때마다 어찌 알았는지 순식간에 몰려드는 인파들 때문에 나아가지도 돌아오지도 못하고 애를 먹는 일이 종종 생겼다. 그래도 행복했다.

대통령님, 밖에 손님들이 또 많이 모이셨습니다.

아니, 또요? 이거 어쩐다.

오늘은 이만 하신다고 전할까요?

아니, 아니 그러면 안 되지. 나 하나 보려고 백리 천리를 힘들게 오신 분들인데 그냥 보내면 되겠습니까.

너무 무리하시면 병나십니다. 오늘만 벌써 열한 번째네요.

하하, 또 기록을 갈아치웠네. 그럼 어디, 이번에는 어떤 분들이 오셨나 나가볼까요?

몸은 고달팠지만, 자신을 보고 기뻐하는 방문객들을 볼 때면 덩달아 행복한 기분이 들었다.

49

대통령 할 때는 욕을 짜다라 하더니, 이제는 퇴임하고 노니까, 좋대요~

제가 대통령 됐을 때는 "대통령 마치고 난 뒤에 애프터서비스까지 하라." 이런 법이 없었어요. 없었는데, 제가 그만두고 나니까 이런 게 생겨가지고요. 죽을 지경입니다 지금.

제가 오시라고 한 건 아닌데, 손님들이 봉하마을에 왔다가 저를 만나지 못하면 가면서 막 욕을 하신대요.

하하하하

여기가 뭐 먹을 게 있냐, 볼 게 있냐, 할 게 있냐, 놀 게 있냐, 아무것도 없는데, 기껏 보러 왔더니 어디 가버리고 없다면서 가면서 "다시 오나봐라" 이러신대요.

그러니 하루에 몇 번 나왔느냐가 무슨 대수겠습니까. 안 나와볼 수가 없어요. 이렇게 고마운 분들인데요.

와~

짝짝짝짝

말 한마디, 손짓과 표정 하나라도 놓칠세라 하루 종일 카메라 세례가 이어졌다. 노 대통령은 그때마다 V자를 그리거나 두 팔을 크게 벌려 하트를 그려주는 등 다양한 포즈와 표정으로 방문객들의 바람에 화답했다.

찰칵   찰칵   찰칵

상황이 허락하는 한 단체사진, 가족사진, 독사진까지
성심성의껏 일일이 포즈를 취해주었다.

고향에 돌아온 노 대통령은 짐을 채 정리하기도 전
제일 먼저 화포천 청소를 시작했다.

저기까지가 심하고
아래부터는 좀
나아요.

이건 뭐야?

탁탁

야~ 이건
왕건이다!

쓰레기가
어마어마하네,
그렇죠?

화포천이 오랫동안
방치되어 있다 보니
주변 농가나 관광객,
낚시꾼들이 버린
쓰레기가 많습니다.

비가 많이 올 때는
수위가 늘어나 이웃 마을의
쓰레기와 오물까지
흘러들어와 쌓여버리니
문제가 더 큽니다.

여기 누가 콜라를
몇 병씩이나 마시고
그냥 버리고 갔네.

노 대통령은 틈만 나면 봉화산에 올랐다.

반갑고 귀한 손님들이 오면 손수 가이드를 자청하며 자은암터, 마애불, 부엉이바위, 정토원, 사자바위, 호미 든 관음상, 자은골 등 봉화산의 명물과 추억이 깃든 곳들을 소개했다.

어릴 적 뛰놀던 곳을 지날 때면 옛이야기들이 술술 쏟아져 나왔다.
사람이 다니지 않아 나무와 들풀들이 무성한 곳은 길을 만들어가며 다녔다.

대통령이 앞장서서 경호원들을 안내하는 일도 종종 있었다.

산행이 잦아지면서 경호원들의 복장과 준비물도 달라져갔다. 정장과 구두, 선글라스 대신 등산복과 등산화, 배낭이 필수가 됐다. 배낭 속엔 경호장비 대신 낫과 톱, 전지가위가 채워졌다.

노 대통령의 봉화산행은 청와대 시절부터 구상했던 봉화산 숲 가꾸기, 생태숲 복원사업을 본격적으로 시작하기 위한 탐방이었다.

노 대통령의 귀향은 여생을 고향에서
유유자적하며 지내는 데 있지 않았다.

그에게는 또 다른 꿈이 있었다.

지역주의 극복과 국민통합이라는 오랜 숙원이자
숙제가 남아있었다. 깨어있는 시민의 한 사람으로
시민민주주의를 실현하려는 의지 또한 분명했다.

사저에 머무는 시간에는 책을 읽고 공부하며
참모들과 다양한 토론을 즐겼다.

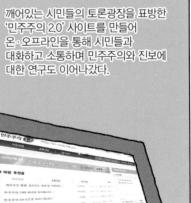

깨어있는 시민들의 토론광장을 표방한
'민주주의 2.0' 사이트를 만들어
온·오프라인을 통해 시민들과
대화하고 소통하며 민주주의와 진보에
대한 연구도 이어나갔다.

노 대통령은 "봄을 그냥 보내면 1년을 그냥 보내는 것 같다"고 했다.
마을과 숲을 가꾸고, 자원봉사자들과 함께 장군차를 심고,
처음으로 친환경 생태농업도 시작했다.

봉하마을을 아름답고 살기 좋은 농촌마을로 만들고 싶었다.
봉하마을을 시작으로 전국의 농촌이 새롭게 거듭나기를 바랐다.

안녕하십니까.
수고 많으십니다.

꺅, 대통령님이시다!

엄마, 엄마, 저기 대통령 할아버지 왔어!

옴마야~ 정말 그렇네.

잡초가 억수로 많지요?

요거 날을 아주 잘 갈아놓았네요.

척척척 사사삭

대통령님, 낫질 제법 하시네요.

왕년에 농사꾼의 아들로서 이 정도 낫질은 기본 아니겠습니까?

하하하하

맞습니다, 맞고요~

호호.

아이고, 대통령님.
이거 언제 다 하지요?
오전 내내 이러고 있는데
영 까마득하네요.

낫 잡은 지
얼마나 됐다고
엄살이야.

켁!

여기 고생하시는데,
머 새참이라도 내와야
하지 않겠습니까?

안 그라도
한상 펼치라카던
참이었다 아입니꺼.

자, 자. 여기 한 잔씩들
받으십쇼. 얼마나 수고가
많습니까?

그렇다고 다음부터 힘들어서
봉하 못 온다고 하시면
안 됩니다. 하하~

발 조심
하더라고~

올해 처음으로
봉하마을에서 친환경
오리농법을
시작하는데요,
걱정 안 되세요?

걱정할 거 있나. 잘 되겠지.
대통령께서 하시는 일인데
잘 돼야 안 되겠나.

오리 실장님입니다.
오리농법 실장.

김정호
비서관

오리 실장은 무슨!
대통령님이 아침에 오리막사 문 열어주고
저녁에 닫아주고 하신다고 약속했으니
다 알아서 하실끼다.

하하하

띠링띠링

이제 시작이네?

1만 2,000평 규모의 못자리를 내고 있습니다.

대통령님 어서 오이소. 나오셨네예.

대통령님도 한번 물장화 신고 들어가 보실랍니까?

그건 대통령일 때 하는 거지, 퇴임 대통령은 그런 거 안 합니다.

하하하하

대통령님, 쪼매만 거들어 주이소 마.

요래 들고, 이렇게 넘기는 게 힘이 덜 들어요.

켁

새참 왔어요~

아이고, 대통령님. 먼저 한 잔 받으이소.

일도 제대로 안 하고 참부터 먹네.

우리는 괜찮은데, 대통령님이 고생하시니까요.

고생은 무슨. 이제 막 오셨다.

하하하하

자, 오리농법을 위하여!

위하여!

대통령님, 정말 좋아 보이시네요. 어떠세요, 행복하십니까?

예, 아주 행복합니다.

오늘이 저희 마지막 촬영인데요. 끝인사 한마디 부탁드립니다. 봉하마을이 어떻게 변화하기를 바라십니까?

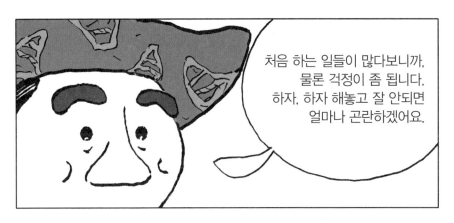

처음 하는 일들이 많다보니까,
물론 걱정이 좀 됩니다.
하자, 하자 해놓고 잘 안되면
얼마나 곤란하겠어요.

그런데 약간의 불안이 있다고
새로운 도전을 안 하면 발전이
없거든요. 남들은 다 변화하는데,
우리만 옛날 방식 그대로 가면
발전이 문제가 아니고,
낙오하지요.

그러니까 꼭 해야 하지만
걱정도 되고 불안하지요.
사는 게 다 그런 게 아니겠어요?

1부

2장

가자, 봉하마을로!

등장인물

맏이 윤서
(중학교 2학년)

둘째 현서
(초등학교 6학년)

셋째 영서
(초등학교 5학년)

넷째 희찬
(초등학교 3학년)

막내 유찬
(만 2세)

2019년
5월

다큐멘터리
봉하마을

나 저기 알아, 가봤어!

나두!

나두!

나두!

재밌다. 하나 더 보자. 이거 틀어봐, 이거.

누나 이제 딴 거 보면 안 돼?

하나만 더 보자. 응?

쳇, 난 몰라.

어? 아빠다. 문고리 삼촌이랑 화원 삼촌, 저기 현우 삼촌도 있네.

어디? 어디?

저기 봐, 무소유 이모, 다우 이모도 있어!

엥, 뭐야. 우리는 안 데려가고 아빠만 봉하에서 재밌게 보내잖아.

에이~ 바보야.
저거 나 4학년 여름방학 때야.
아빠 자원봉사 갔을 때 영상이잖아.
벌써 2년이나 지났네 뭐.
아빠 지금 회사에서 일하고 있다구.

누나. 봉하 가고 싶다. 모내기할 때 논에서 물썰매 탔었는데, 뜰채로 잠자리애벌레랑 요정새우, 물방개랑 물장군도 잡고.

야, 너는 그때 논에 들어가기 무섭다고 막 떼써놓고 뭘 그래.

아냐! 그게 언제 적 이야기라고, 나도 이제 어엿한 3학년이야, 3학년!

그런데, 아빠는 오늘도 늦으시네.

딸깍

후다다닥

얘들아, 숙제 다 했어?
방이 이게 뭐니.
엄마가 놀고 나서 정리 정돈하랬지.

엄마~

엄마.
유찬이 똥 쌌어요, 똥.
어휴, 냄새 지독해.

엄마
엄마

지독하긴 뭐가 지독해,

하긴 이제는 밥도 먹고
김치도 먹고 그러니
젖 먹을 때랑은 달라서….

유찬이도 이제
아기에서 아이가
되어가고 있는 거야.

채칵채칵

삐삐삐삐

아빠~
아빠~

어이구~
우리 유찬이.

다른 애들은?

뭐하고 있겠어요.
하루종일 게임하고 컴퓨터
하길래 한 소리 했어요.

우당탕탕

켁!

열공모드

아빠, 우리
대통령 할아버지
봉하 영상 보고
있었어요.

우리 이번 달에
봉하마을에 가면 안 돼요?
겨울방학 때도 간다고 해놓고
못 갔잖아요.

그래, 그래. 조금 있으면 모내기도 시작하고, 지금 봉하에 꽃도 많이 피고 딱 좋을 때긴 하네.

근데, 너희들 학원은 어쩌고?

학원은 가끔씩 빠져주는 게 예의라고 배웠습니다.

윤서는 라켓볼 연습하러 가고, 현서는 뮤지컬 연습하러 가야 하고, 희찬이는 곧 태권도 승급시험 준비하고…. 하나만 해라 하나만. 너희들 진짜 욕심도 많아.

여름방학 때 가자. 재작년처럼 김해국립박물관도 가고, 봉하마을 옆에 그 오래된 거 모아놓은 박물관, 이름이 뭐였더라?

한림민속박물관!

맞아, 한림민속박물관! 거기 공룡박물관도 있잖아.

그래. 그런데 아직도 운영을 하는지 모르겠네.

워터파크도 있고!!!

하하. 그래. 근데 거기는 봉하마을이 아니고 김해 장유야.

워터파크는 무슨 워터파크! 사람에 치여서 물장구도 못 치겠던데, 거기 말고 차라리 봉하마을 생태체험 프로그램이 훨씬 좋을 거야.

이번 주에 꼭 가고 싶은데. 이번에도 말만 해놓고 방학 되고 나서 아빠 바빠서 또 못가면 어떻게 해요.

아빠 좀 그만 괴롭혀.

숙제는 어떻게 됐어? 희찬아 너 알림장 또 안 가지고 왔지!

일정 잡기가 쉽지 않네요.

회사 일이 바빠서 어떡하나….

언니, 나 진짜로 봉하마을 가고 싶어. 이러다가는 영원히 못 갈지도 몰라.

그럼 나는 마음의 병이 들어서 시름시름 앓다가 쓰러지고 말 거야. 비운의 주인공은 되기 싫어!

소곤소곤
소닥속닥

봉하에 꼭 가고 말 테야!

나두!

나도!

달님, 봉하에 가게 도와주세요.

쿨~

음냐,
봉하 가고
싶다.

z Z

피유
피유

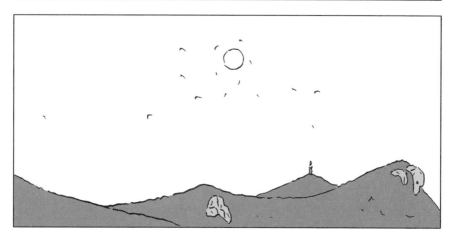

어? 저기 바람개비 아저씨다!

여~~ 너희들 오랜만이네. 방학도 아닌데 어쩐 일이야? 엄마랑 아빠는?

몰라요. 그냥 우리끼리 왔어요. 신기하게도….

엄청 커다란 황새가 우리 집에 찾아왔어요. 봉하에 데려다준다고.

황새? 황새가 데려다줬다고?

뭘 타고 왔든지 하여간 잘 왔다. 반가워.

아저씨. 저희도 바람개비 만들어주세요. 유찬이 것도 하나 더 만들어주세요.

바람개비!

88

마터님은 노무현 대통령 서거 이후 봉하마을에서
바람개비 자원봉사를 시작했다.

마터(Martyr: 순교자)라는 닉네임에서도 알 수 있듯이
마치 순교자처럼 비가 오나 눈이 오나 항상 같은
자리에서 봉하마을 방문객들에게 바람개비를 만들어
나눠주고 있다.

주말이면 대통령 생가 부근에서
열심히 바람개비를 접고 있는 그를 만날 수 있다.

마을 곳곳에도 또 다른 노란 바람개비가 있다.
노무현 대통령과 봉하마을의 상징이 된 노란
바람개비는 다음카페 노사모 '노랑개비' 회원들이
대통령 서거 이후 만들어 달기 시작했다.

본산리 공단에서 봉하마을로 들어오는
초입 소류지부터 화포천으로 가는 약수암까지
약 1km 거리에 노란 바람개비가 줄을 지어있다.

매년 신년행사, 추모행사, 봉하음악회 등 봉하마을에 큰 행사가 있을 때마다 자원봉사자들이 방문객들을 위해 노란 바람개비를 직접 만들어 길에 달았다.

이후 봉하마을로 오가는 둘레길과 마을 곳곳에 산책로를 정비하고, 자전거 길이 새로 만들어지면서 노란 바람개비를 더 많은 곳에 설치했다.

봉하마을의 영향으로 전국 각지에서도 다양한 색깔의 바람개비 장식을 한 곳이 아주 많아졌다.

유찬아, 형아 봐봐, 멋지지?

형아, 나두 나두!

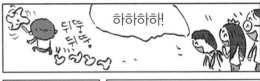

하하하하!

뒤뚱 뒤뚱

덥썩

탁탁탁탁

팔랑팔랑

삼촌,
우리 아이스크림
먹고 싶어요.
봉하쌀 아이스크림.

야, 너는
삼촌 만나자마자
뭘 사달라고 그러냐.

아냐, 아냐.
삼촌도 땀을 하두 쏟았더니
시원한 봉하쌀 아이스크림
먹고 싶어.

달칵

어머 어머,
이게 웬일이니.
얘들아 반가워~

릴라
이모다~~

릴라
자원봉사 활동을 계기로
영농법인 (주)봉하마을 마케팅
팀장 입사. 봉하 7년차!

오랜만에 왔으니 이모가 아이스크림 하나씩 쏜다.

오늘은 특별히 내가 쏜다니까.

괜찮아요.

두 분 다 사 주시면 되는데 왜 이러실까….

까르르~

꿀꺽~

아이스크림~

릴라 이모, 최고로 맛있어요.

맛있지?

봉하쌀 아이스크림이 처음 나온 건 2013년 봄이야. 방앗간에서 3년 동안 야심차게 준비해서 선보인 상품이었단다.

친환경 봉하쌀과 아이스크림의 만남. 정말 멋지지 않니? 아이들은 물론이고 어른들도 아주 좋아해. 여기 봉하장날의 최고 인기 상품이지.

참 신기해요. 쌀로 아이스크림을 만들 수 있다니!

가장 기본은 맛과 영양이 좋은 친환경 봉하쌀을 원료로 한다는 거야. 이건 비밀인데, 너희들한테만 살짝 알려줄까?

네~

사실 봉화쌀 아이스크림은 특허 받은 아이스크림이란다.

특허권을 가진 분은 고성의 금강농산이라는 쌀 가공 공장의 사장님이셔. 별의별 신기한 발명을 많이 하신다고 소문이 자자하시지.

에디슨처럼?

호호. 비슷해.

봉하쌀 원료곡을 거기로 보내면 거기 사장님이 개발한 '감마공법'으로 봉하쌀을 도정하는데, 이 과정이 쌀가루가 아이스크림 가루로 변신하는 순간이지.

특허 받은 공법이라 진짜 비밀은 그분만 알고 계셔.

아깝다. 좀 알려주지.

완성된 아이스크림 분말을 아이스크림 기계에 넣고 우유와 잘 배합하면 준비 완료~

재료가 알맞은 온도로 냉각되면 여기 막대처럼 생긴 손잡이를 살짝 내려. 그러면 맛있는 아이스크림이 짠~하고 나타난단다.

지금이 바로 이모의 솜씨가 발휘되는 순간이야. 손잡이를 잡고 조심스럽게 돌려주면 이렇게 예쁜 소프트 아이스크림이 나오지.

어때, 이모 솜씨가?

오, 대단해요! 그런 의미에서 하나 더 뽑아줘요~

한 번 더! 한 번 더!

릴라 이모 최고!

너무 신나~ 냠냠, 맛있어.

언니, 나 한 입만. 응?

유찬아, 엉아 한 입만~

싫어, 싫어!

아주머니, 그거 무슨 풀이에요?

이거? 쑥하고 냉이야.

먹는 거예요?

그럼. 얼마나 풋풋하고 향기로운데.

정말요?

어디…

오물 오물

에이, 그냥 쓰기만 한데….

냉이는 따뜻한 물에 데쳐서 무쳐 먹으면 얼마나 맛있는데. 이 쑥은 국을 끓여 먹어도 좋고, 떡을 해 먹으면 정말 향기가 좋고 맛나.

저 쑥떡 좋아해요. 우리 아빠도 빵이나 피자보다 떡을 훨씬 좋아하세요!

언니. 우리도 나물 캐러 가자.

어디로 가지?

우리 봉하 연수원 뒷산에 가보자. 거기에 장군차밭도 있어. 나도 옛날에 아빠랑 삼촌들하고 거기 가서 일한 적 있어.

그래, 좋은 생각이야. 거기 가면 반가운 분도 만날 수 있을 거야.

누군데요? 누가 있어요?

글쎄다. 모르고 가야 더 재미있지 않을까?

???

안녕히 계세요!

권양숙 여사

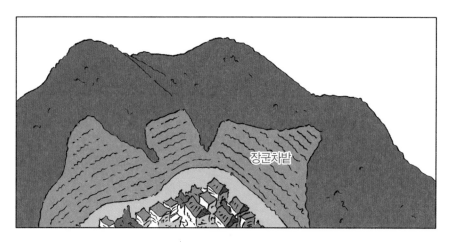

장군처발

헉헉~ ... 후아~

탁탁탁

응?

누구지?

우리가
아는 사람인가?

뒷모습이
익숙해.

야, 이 바보야.
노무현 대통령 할아버지잖아.
집에서 그렇게 사진으로
보고도 모르겠어?
노무현 대통령 할아버지!

어? 진짜?
근데 할아버지는
돌아가셨….

내가 전에 엄마한테
물어봤는데 할아버지는
마음이 많이 아프셔서
다른 사람들을 위해
하늘나라에 가셨다고
그랬어!

탁

그래도 이렇게
다시 만났으니 반갑지
않니? 할아버지는
너희들 보니까
너무나 좋은데?

할아버지,
보고 싶었어요~

와락

지가 대통령 할아버지를
언제 봤다고….

……

우앙~
대통령 할아버지~~

허허,
그래, 그래~

와라라락

꽉!

대통령 할아버지를
이렇게 직접 만나게 되다니,
정말 기뻐요.

아빠가 대통령 할아버지
사진이랑 영상 많이
보여주셨어요.
이야기도 들려주시고요.

할아버지,
대통령 한 번 더 하세요.

하하!

가끔 여기 오시는 분들도
종종 그런 말씀을 하셨어.
그런데 나는 안 되거든.

왜요?

나는 안 돼요.
나라를 하나 새로
세우면 몰라도
안 되게 되어있어요.

그래, 나중에
네가 대통령 하면 되겠다.
그렇지?

저는 태권도
선수 할 건데요.

그럼 내가 할래, 대통령!

까르르

그런데 대통령이 아니어도 훌륭한 사람이 되려면 작은 일부터 소중하게 생각하고 열심히 해야 해.

우선 엄마 심부름부터 잘 해야 해. 선생님 말씀도 잘 듣고, 신발도 잘 정돈하렴. 작은 일을 잘해야 큰일도 할 수 있거든.

작은 일을 잘 해내는 어린이가 되면 엄마랑 아빠도, 선생님도 너희에게 중요한 일을 맡기실 거야.

동네 이장 하다가 장관이 된 사람도 있거든? 작은 일을 열심히 하거라.

영서야.
넌 아무래도 대통령은
못 되겠다. 그치?

흥, 몰라!

너희들 오랜만에 왔는데
뭘 하고 싶니?

음….

방앗간? 아니다, 생가?
아니면 공룡박물관?
아니, 거긴 너무 멀고….

희찬아. 너 전부터
사자바위 가보고
싶다고 그랬잖아.

내가 언제? 나는
워터파크 가고 싶어.
산은 힘든데….

그래도 모처럼 왔으니
할아버지랑 같이 봉화산
구경 가자.
오늘은 날도 따뜻하고
바람은 시원하니 올라갈
만할 거다.

사자바위에 올라
마을 풍경도 구경하고,
재미있는 이야깃거리도
많을 거야.

네~

105

그 전에 내가 너희들에게
작은 선물을 하나
준비했단다.
봉하마을에 머무는 동안
큰 도움이 될 거야.

????

3장

'김수로왕에서 노무현까지', 봉하 장군차 2000년

이제부터 장군차밭을 시작으로 자은암터, 마애불, 정토원, 사자바위, 호미 든 관음상, 도둑골, 약수암 코스를 함께 걸어보자.

와~ 이렇게나 많이요?

그렇게 오래 걸리지 않을 거야. 얘기하면서 천천히 걸어도 2시간이면 충분하단다.

언니, 유찬이는 어떡해. 힘들 텐데.

그러게. 업고 가기엔 무리겠다.

어쩌지?

걱정 말거라. 저 아래 봉하장날에서 일하는 릴라 이모에게 부탁해놨으니. 다음부터는 마을 안내소에서 유모차를 한 대 빌려서 다니면 되겠다.

유찬이는 좋겠다. 봉하장날 매장에서 맛있는 거 실컷 먹겠네.

얘들아~~

웃챠~

유찬이
사탕 하나 먹을까?

사탕!

나 잡아봐라~

까르르 깔깔

흠, 하~
꽃향기가
끝내줘요~♪

우아~
신기한 벌레들이
진짜 많아!

꽃 너무
이뻐~

옴마야! 벌이다~

너희들
이 꽃이 무슨
꽃인지 아니?

음, 앵두꽃?

땡!

살구꽃이요.
아니면
복숭아꽃인가?

아닌~데?

그럼 아기 진달래꽃이요.
노래도 있잖아요.
나의 살던 고향은
꽃피는 산골, 복숭아꽃
살구꽃, 아기 진달래~

그래. 꽃이 참 예쁜데
비슷비슷하게 생겨서 많이
헷갈리지? 도시 아이들은
다양한 꽃을 볼 일이 별로 없지.
게다가 요즘은 외래종도
많이 들어와서 종류가
어마어마하게 많지.

대통령 할아버지.
이건 무슨 꽃인데요?

매화꽃이야.
여기는 2월 중순경이면 꽃이 핀단다.
하얀 꽃이 피는 백매, 붉은 꽃이 피는
홍매도 있고, 색깔이 조금씩 다른
수많은 품종이 있단다.
보통은 홑꽃인데 꽃잎이 겹쳐서
피는 겹꽃도 있지.

매화는 꽃잎 다섯 장이 모여 둥그런 모양을 이루는데 꽃자루가 거의 없어 가지에 바로 붙어있단다.

꽃이 정말 예뻐요. 보기는 자주 봤는데, 이렇게 이름을 알고 설명까지 들으니 다르게 보여요.

자고로 옛말에 이런 말도 있지. "내가 그의 이름을 불러주었을 때, 그는 나에게로 와서 꽃이 되었다."

그건 시잖아. 김춘수의 '꽃'. 겨우 초딩인 네가 뭘 알겠냐마는.

요 녀석, 나무를 꺾으면 쓰나.

후다닥

헤헤.

노란 꽃잎이
참 아담하고 예쁘지?
이건 너희들도
자주 보지 못했을 거야.
산수유라는 꽃인데
3~4월경에 핀단다.

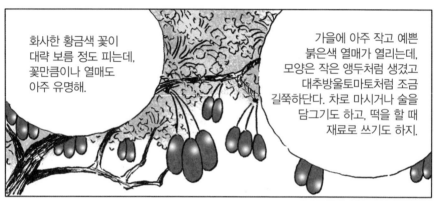

화사한 황금색 꽃이
대략 보름 정도 피는데,
꽃만큼이나 열매도
아주 유명해.

가을에 아주 작고 예쁜
붉은색 열매가 열리는데,
모양은 작은 앵두처럼 생겼고
대추방울토마토처럼 조금
길쭉하단다. 차로 마시거나 술을
담그기도 하고, 떡을 할 때
재료로 쓰기도 하지.

아하~

그나저나 할아버지.
지금은 제철도 아닌데
어떻게 저 꽃들이 피어
있어요?

하하, 역시
예리하구나.

내가 너희들을 위해서
마법을 부렸지.
앞으로 너희들이 여기 있는
동안 종종 할아버지의
신기한 마법을
보게 될 거야.

자, 꽃 이야기는 이쯤하고
이제 오늘의 진짜 주인공을
만날 차례다.

주인공이요?

그래 바로 이거.

장군차!

봉하마을을 비롯한 진영은 전국적으로 단감이 유명하다. 알이 튼실하고 단맛이 깊어 전부터 이 지역 특산품으로 인기가 많았다.

농가 수입에도 큰 보탬이 되어 한때는 '대학나무'라고 불리기도 했다.

고맙다~ 대학나무야!

그러나 단감 재배지역이 남부지역 전체로 확산되면서 점점 가격경쟁에서 밀리게 되었고 봉하마을 단감 농사는 큰 타격을 입었다.

이거 우짤끼고…

수지가 맞지 않아 농사를 포기하는 농가들이 생겨났고 말라죽은 단감나무들이 산 여기저기에 흉물스럽게 방치되었다.

까아~

어느 날 노 대통령은 참모진에게 놀라운 이야기를 듣게 되었다.
대통령을 만나러 봉하마을을 찾는 사람들 가운데 봉하 빌라(현 봉하 연수원) 뒷산을 공동묘지로 아는 이들이 제법 많다는 것이었다.

까아~

114

단감 농사가 경제성을 잃고 폐농하는 곳이 많아지면서, 나무가 죽고 잎이 다 떨어진 감나무에 환삼덩굴 같은 잡초들이 무성하게 달라붙어 멀리서 보면 무덤들이 빽빽하게 들어선 것처럼 보였던 것이다.

이에 노 대통령은 전부터 준비해온 봉화산 숲 가꾸기를 본격적으로 추진했다.

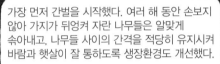

가장 먼저 간벌을 시작했다. 여러 해 동안 손보지 않아 가지가 뒤엉켜 자란 나무들은 알맞게 솎아내고, 나무들 사이의 간격을 적당히 유지시켜 바람과 햇살이 잘 통하도록 생장환경도 개선했다.

간벌을 마친 후에는 보기도 좋고 주민 소득도 증대시키는 매화나무, 산수유나무, 동백나무 등 예쁜 꽃나무들을 심었다.

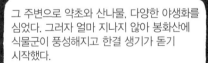

그 주변으로 약초와 산나물, 다양한 야생화를 심었다. 그러자 얼마 지나지 않아 봉화산에 식물군이 풍성해지고 한결 생기가 돋기 시작했다.

봉화산 숲 가꾸기의 일환으로 노 대통령은 장군차나무를 골랐다. 장군차나무는 사계절 잎이 푸르고 튼실해 숲을 아름답게 가꾸기에 안성맞춤이었고, 상품가치도 높아 마을 주민들의 소득증대에도 도움이 될 것이라 생각했다.

너희들도 장군차는 많이 들어봤지?

그럼요. 예전에 아빠랑 삼촌들이랑 같이 와서 장군차 묘목도 심고, 잡초도 뽑았어요.

장군차는 녹차랑 비슷한 거죠?

그래, 장군차가 녹차의 한 종류라고 볼 수 있지.

저 장군차 마셔봤어요. 좀 쓰던데요.

아직 어린 너희들 입맛에는 그럴 수 있지.

그렇지만 계속 마시다 보면 은근히 깊고 은은한 맛에 너희들도 반하게 될걸?

이름이 아주 근사해요. "장군~!"

장군차는 장군이 마시는 차인가요?

하하. 이쯤에서 장군차 이야기를 들려줘야겠는걸. 들을 준비됐니?

예~

장군차는 '가야 황차'라고도 부른단다. 너희들 혹시 김수로왕에 대해 들어봤니?

김수로왕은 가야를 세운 왕인데, 여기 김해가 바로 가야가 있던 자리란다. 〈삼국유사〉에 실린 가락국기(駕洛國記)를 보면 이에 관한 이야기가 전해지지.

서기 42년, 아직 이 땅에 나라가 없을 때, 아홉 간 이하 수백 명이 쿠지봉에 올라 하늘을 향해 춤을 추면서 "거북아, 거북아, 머리를 내놓아라. 내놓지 않으면 구워 먹으리라"라고 노래했다.

그러자 하늘에서 붉은 보자기에 싸인 금상자가 보라색 끈에 매달려 내려왔다. 상자를 열어보니 그 속에 황금알 여섯 개가 들어 있었다.

열두 시간이 지나자 알에서 여섯 명의 사내아이가 태어났는데 그 가운데 가장 먼저 태어난 이가 수로였다.

수로는 왕위에 올라 나라를 가야국이라 칭하고, 나머지 다섯 형제들도 각각 5가야의 왕이 되었다.

수로왕은 관직을 정비하고 도읍을 정하여 국가의 기반을 다졌다. 그리고 꿈에 상제의 명을 받아 배를 타고 건너온 아유타국(阿踰陀國: 인도 지방에 있었던 나라로 추정)의 공주 허황옥(許黃玉)을 왕후로 맞이하였다.

김수로왕은 김해 김씨의 시조이기도 하단다.

김수로왕은 서기 48년, 인도 아유타국에서 온 공주 허황옥과 결혼을 했는데, 허황옥이 시집올 때 봉차(封茶, 혼담이 성사되면 양가에서 주고받는 차)로 장군차를 가져왔다는 유래가 있어.

무려 2000년의 역사를 가진 차인 셈이지.

그리고 약 1200년 뒤 고려 충렬왕이 김해 지역을 방문했는데, 이때 차나무를 발견하고는 "잎이 큰 것을 보니 장군감"이라고 해서 장군차로 불리게 됐다는 이야기가 전해진단다.

역시 내 짐작이 맞았어요. 장군! 장군차!

장군차는 다른 녹차에 비해 잎이 크고 두꺼워 맛과 영양이 뛰어나지. 당뇨나 암, 치매 예방과 노화 방지, 심장 질환에도 좋단다.

김해시에서 특산물로 지원 중이라 전망도 좋아서 차 생산을 위해 재배해도 좋겠다는 생각을 했지.

우리 아빠가 그러는데요.
장군차나무를 가꾸는 건
여럿이 함께 땀 흘리며
정을 나누는 일이래요.

그래, 그 말도 맞아.
전국에서 온 자원봉사자들과
함께 차를 심고, 가꾸고, 수확도
하면서 정도 돈독해지고.
장군차밭은 일종의
주말농장과도 같아.

저도 몇 번 해봤지만,
정말 힘들어 죽는 줄
알았어요. 휴~

사람도 그렇지만
꽃과 나무를 키우고 보살피는
것도 많은 정성이 필요하단다.
차나무는 키가 너무 크면
잎 따기가 어렵고 새잎도
잘 나지 않아.

그래서 주기적으로
줄기를 자르고
잔가지도 손질해줘야
한단다.

봉하마을에는
장군차 관리 전문가도 없고,
자원봉사도 주말에 집중되다 보니
평일에는 일손이 부족해
때를 놓쳐 낭패를 보는 일도
많았지.

게다가 자원봉사자들이 대부분 초보여서 잡초를 뽑으려다가 장군차 묘목을 통째로 날려버리는 일도 많았어.

어흑~

그렇지만 장군차 나무를 심고 가꾸는 과정은 장군차만큼이나 귀한 결실을 많이 안겨주었단다. 그래서 할아버지는 장군차를 자원봉사자 차(茶)라고 생각하기도 해.

해마다 장군차를 구해 보식하고 또 보식하고, 여름이 되면 땡볕 아래 호미 들고 낫 들고 이산 저산 옮겨 다니고, 모기에 물리고 벌에 쏘이면서도 모두가 열심이었지.

차 재배는 사람들의 손길이 많이 필요했다.

그럼에도 노 대통령이 일손이 부족한 봉하마을에 일부러 장군차를 택한 이유는, 봉하를 찾는 각지 사람들이 모종부터 제품생산까지 각 과정에 골고루 참여함으로써 자연을 함께 일구는 기쁨을 누리게 하기 위해서였다.

물론 '골고루 참여'에는 대통령 자신도 포함되었다.

노 대통령은 평소에도 밭일을 하든, 마을 청소를 하든 일단 손에 낫을 들면 그저 시늉만 하지 않았다. 그 누구보다 열심히 일을 했고, 누구보다 능숙했다.

지금도 당시 비서관과 경호원들은 노 대통령이 봉하 식구들 가운데 가장 낫질을 잘했다고 회고한다.

단연최고!!!

자, 여기 장군차 잎을 보렴. 타원형 찻잎이 아주 잘생겼지?

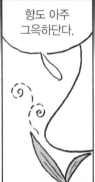

향도 아주 그윽하단다.

장군차는 뿌리가 아래로 쭉 뻗어 자라는 직근성(直根性)을 갖고 있어. 그래서 옮겨 심으면 살기가 어려워. 맨 밑뿌리 생장점을 건드리면 죽게 되거든.

장군차는 뿌리가 잘 펴지게 심어야 잘 자란단다. 공기가 들어가면 죽거든. 흙 알갱이가 잔뿌리 사이에 골고루 들어가도록 심어야 해.

이렇게요?

심고 나선 주변의 마른 풀로 잘 덮어서 습기가 유지되게 해야 한단다. 마른 풀이라도 뿌리가 없는 걸로 덮어야지 안 그러면 이놈들이 살아나 장군차와 경쟁한단다. 이곳 강금원 연수원 뒤편 장군차밭은 햇볕이 많이 비추는 곳이라 땅이 건조한 편이야. 가뭄이 들면 어린 묘목이 말라죽지 않도록 물을 주어야 하고, 칡이나 환삼덩굴, 새완두, 박주가리, 새삼 등 덩굴류가 순식간에 나무를 덮어버리기 때문에 부지런히 잡초를 제거해줘야 한다.

휴, 장군차나무를 심고 가꾸는 게 보통 일이 아니네요.

봉하마을에는 크게 세 군데 장군차밭이 있어.

첫번째

두번째

세번째

지금 이곳 강금원 연수원 뒷산하고, 여기서 오솔길을 따라 대통령의집 방향으로 150여 미터 정도 가면 산비탈에 두 번째 장군차밭, 그리고 저쪽 봉화산 오르는 둘레길 초입에 세 번째 장군차 밭이 있단다. 그중에서 세 번째 장군차밭이 주변 환경이 좋아 관리가 가장 잘 되어있지.

이 많은 걸 다 어떻게 돌봐요.

맞아, 누나. 우리는 이거 심지 말고 그냥 사 먹자.

그래. 너다운 발상이다. 으이구!

이번엔 장군차가 차로 만들어지는 과정을 알려주마. 장군차는 크게 여섯 단계를 거쳐 만들어진단다.

음, 뭔가 더 복잡한 일들이 벌어질 듯한 예감이 드는데요?

하하. 아니야. 알고 나면 간단해.

장군차를 만들려면 먼저 찻잎을 따야겠지? 이걸 전문용어로 '채다(採茶)' 또는 '채엽(採葉)'이라고 한단다.

차를 만들 때는 그해 자란 새순을 따는데 잎이 푸른빛이거나 쭈글쭈글하거나 돌돌 말린 걸 따면 돼. 잘 보거라. 다른 잎과 달리 새순은 연녹색에 가깝고 촉감이 아주 부드럽지?

와, 진짜네. 작고 예뻐요. 부드럽고.

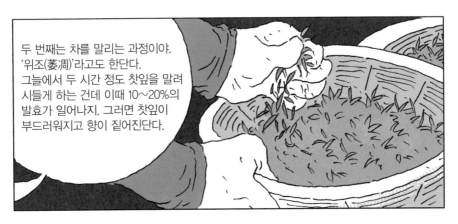

두 번째는 차를 말리는 과정이야.
'위조(萎凋)'라고도 한단다.
그늘에서 두 시간 정도 찻잎을 말려
시들게 하는 건데 이때 10~20%의
발효가 일어나지. 그러면 찻잎이
부드러워지고 향이 짙어진단다.

시드는 게
꼭 나쁜 것만은
아니네요?

그럼.
숙성되는
단계란다.

세 번째는 '살청(殺靑)'이야.
찻잎의 산화를 막고 풋내음을 없애주지.
처음에는 약 300도의 열에서 1분 30초~
2분 정도 볶아주고, 그다음에는 250도에서
2분 정도 볶으면 돼. 아, 깜빡했다. 장군차를
만들 때는 볶는다고 하지 않고 '덖는다'고
표현한단다. 덖으면 40~50%의 수분이
날아가면서 살짝 익힌 향이 나지.

묘한 향기가 나는데요?

너희들은 아직 어려서 차향에 익숙하지 않아서 그래. 그 맛을 알게 되면 놀라게 될걸?

다음엔 덖은 찻잎을 자연풍에 말리면서 잎에 붙은 불순물을 제거한단다. 그다음 과정이 제일 중요한 찻잎 주무르기, 어려운 말로 '유념(柔捻)' 단계야.

"아픈 만큼 성숙해진다"는 말 들어봤니? 옛날에 노래도 있었는데.

아프면 아픈 거지, 성숙해지는 건 또 뭐예요? 엉터리~

하하, 너희들도 어른이 되면 차차 알게 될 거야.

아무튼 이 과정에서는 유념기라는 장비를 이용해 압력을 조절하면서 약 20분 정도 찻잎에 미세한 상처가 나도록 잘 섞어준단다. 찻잎에 있는 수분이 고르게 분포되고, 산화발효가 잘 되도록 하는 과정이야. 아까 할아버지가 했던 말대로 찻잎이 상처를 입는 과정에서 더 좋은 차로 성숙해지는 거란다.

음, 알 것도 같고,
모를 것도 같고….

자, 이제 거의 차가
완성되어가고 있다.

마지막은 '건조(乾燥)' 과정이다.
찻잎을 건조기에 넣고 약 2시간
정도 뒤집어주면서 말린단다.
그런 다음 분유통 같은 데에 찻잎을
넣어 자연 상태에서 좀 더 말려줘야
해. 차는 수분이 약 5~6%일 때
가장 맛이 좋거든.

두고두고 잘 마시려면
보관도 중요할 것 같아요.

옳지.
그렇고 말고!

보관하는 동안에도 차가
숙성되거든. 평소에는
적당한 용기에 넣어
습기가 들지 않게 그늘에
보관하면 돼.

오랫동안 보관해야 할 때는
공기가 통하지 않도록 은박지
같은 데 싸서 진공포장한 뒤
영하 5도 이하로 냉동실에
보관하면 된단다.

휴, 너무 복잡해요.

장군차 키워서
따고, 덖고, 말리고…
이걸 언제 다 한담.

하하, 너희들이 직접 차를 만들 필요는 없단다. 엄마 아빠가 좋은 차를 준비해주실 거야.

무언가를 알기 전과 알고 난 후는 전혀 다르단다.

지금까지 장군차에 대해 많은 것을 알게 되었으니 앞으로 장군차는 너희들에게 아주 특별한 차가 될 거야.

쪼르르

4장

봉화산 이야기 '아름다운 재회(再回)'

자은암터, 마애불, 정토원, 사자바위….

할아버지, 봉화산이 그렇게 좋으세요?

응?

아빠한테 들었는데요, 예전부터 봉하마을에 방문객이나 귀한 손님들이 오면 봉화산 자랑을 그렇게 많이 하셨다면서요.

그래. 봉화산은 내 어린 시절 추억이 아주 많이 깃든 곳이야. 추억의 자연 놀이터지.

우리 집안은 10대조 때부터 김해에 살았단다. 나는 1946년 봉하마을에서 태어나서 사법고시 합격 후 연수원에 들어가기까지 쭉 이곳에서 지냈단다. 내가 태어난 해는 우리나라가 일제로부터 해방되고 딱 1년 뒤였어.

우리 할아버지하고 한 살 차이시네요. 우리 할아버지는 1945년에 태어나셨거든요. 그해에 태어난 아기들을 '해방둥이'라고 불렀대요.

아하, 그래? 너희 할아버지가 내보다 한 살 형님이시네.

우리 아빠랑 노건호 아저씨도 한 살 차이에요.

오호, 재미있는 우연이다.

너희 할아버지도 그랬겠지만 내가 태어나 자랄 때는 막 해방이 되고 한국전쟁을 겪으면서 살기가 아주 어려운 시절이었단다.

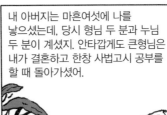

내 아버지는 마흔여섯에 나를 낳으셨는데, 당시 형님 두 분과 누님 두 분이 계셨지. 안타깝게도 큰형님은 내가 결혼하고 한창 사법고시 공부를 할 때 돌아가셨어.

마음이 많이 아프셨겠어요.

그래. 큰형님은 내게 아버지 같은 분이셨고 나를 끔찍이 아껴주셨거든.

할아버지 마음을 조금은 알 것 같아요. 저희도 5남매거든요.

엄마 아빠가 많이 힘드시겠네. 집안일도 거들고 동생들도 함께 돌보고 그러지?

네. 쟤들이 어찌나 개구쟁이인지 말도 못해요.

그래도 너희 엄마 아빠는 정말 부자시구나. 너희들도 나중에 크면 알게 될 거야. 너희들이 얼마나 소중한 보물을 갖고 있는지….

자, 저기 보이지? 왼쪽이 자은암터란다.

봉화산 입구에서 정토원 쪽으로 난 산길을 오르다보면 왼쪽에 작은 공터와 토굴이 있는 커다란 바위를 볼 수 있다. 노 대통령은 이곳을 '자은암(子恩庵) 터'라고 불렀다.

자은암은 허황옥이 돌로 만든 배를 타고 아유타국을 떠나 김해에 와서 김수로왕의 왕비가 된 것을 기념해 지은 4개의 절 가운데 하나다.

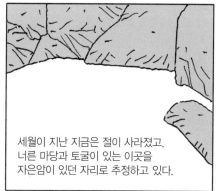

세월이 지난 지금은 절이 사라졌고, 너른 마당과 토굴이 있는 이곳을 자은암이 있던 자리로 추정하고 있다.

여기서 잠시 쉬었다 가자. 들려줄 이야기도 좀 있고 말이야.

벌써요? 이제 막 산을 좀 오르나 싶었는데.

어쭈, 아까부터 힘들다고 투덜거리던 게 누구더라? 속으로는 은근히 좋으면서 씩씩한 척은.

그만 좀 싸워라. 그만 좀~

어? 할아버지 저기 동굴이 있어요.

역시 우리 희찬이는 보는 눈이 남다르구나.

거긴 할아버지가 어릴 때 즐겨 놀던 아지트란다. 입구는 좁지만 겉에서 보기와는 다르게 안에는 공간이 제법 넓거든.

예전에는 여기 '갈가지'가 살았지. 너희들 갈가지라고 들어봤니?

모르겠는데요?

새끼 호랑이를 내 어릴 때는 갈가지라고 불렀단다. 조심해라. 언제 어디서 튀어나올지 모른다.

진짜요?

하루는 내 친구가 지게 작대기 끝에다가 단도를 묶고 작대기에 고무줄로 활을 만들어 갈가지 잡으러 가자고 성화를 부리는 거야.

나는 실은 무서워서 안 가려고 그랬는데, 할 수 없이 따라 갔지.

친구는 활을 들고, 나는 작대기 창을 들었지.

굴 안으로 막 뛰어 들어갔는데 어둠 속에서 빨간 눈이 빛나지 뭐냐. 꼭 호랑이 같았다니까.

친구가 내 옷을 잡더니 딱 댕겨서 화살을 탁 쏘더라고.

그런데 잡아놓고 보니 박쥐였지 뭐냐.

으앙~ 무서워라.

하하, 지금은 없으니 걱정 말거라.

옛날이야기를 하다 보니 새삼스럽게 그 친구가 보고 싶네. 어찌 지내고 있을까나….

135

할아버지.
이 토굴이 있는 바위
저 너머에 무슨 불상이
있지 않아요?

아하, 너도 알고 있구나.
마애불(磨崖佛)이라고
아주 재미있는 불상이
하나 있지.

재미있는
불상이요?
불상이 왜
재미있어요?

나는 전에
몇 번 봐서
알지롱~

영서는 그렇게
꼭 놀려먹어야
직성이 풀리지.

근데 희찬아,

응?

사실 나도
알지롱~!

우띠,
뭐야~

절벽이나 거대한 바위 면에
부처님이나 보살상을 새긴 걸
마애불이라고 한단다.

봉화산 마애불의
정식 이름은 '진영봉화산마애불
(進永烽火山磨崖佛)'인데,
줄여서 그냥 마애불이라
부르지.

우리 아빠 외가가
충남 태안인데요,
거기에도 유명한
마애불이 있대요.

이름이 뭐더라….

아, 여기 나왔어요.
'태안 동문리
마애삼존불입상'이래요.

그래. 전국에 여러 종류의
마애불이 있지.
봉화산 마애불은 높이 240㎝,
무릎 폭이 170㎝ 정도 되는
덩치가 큰 좌상(坐像)이야.

지금은 저렇게 바위틈에 볼품없이 놓인 것 같지만
저래 봬도 경상남도 유형문화재 제40호란다.
발견 당시부터 바위틈에 끼어 옆으로 누운
모양이었다고 하더구나.

어떤 이유로
눕게 된지는 정확하지 않지만,
아마 저 위 바위 쪽에 있던
불상이 비바람에 지반이
약해지면서 아래로 굴러온 게
아닌가 싶다.

먼 옛날 당나라 황제에게는
아름답고 어진 황후가 있었다.

황제는 황후를 너무나
사랑했다.

그러던 황후가 안색이 어두워지고
시름시름 야위어가기 시작했다.
황제는 몸에 좋다는 약과 비방이란
비방은 다 써봤지만 차도가 없었다.

어느 날 악몽에 시달리는 황후의 모습을
보고 황제가 물었다.

도대체 무슨 일이오?
그렇게 밝고 건강하던
당신이 이렇게
야위어가니 마음이
아프오.

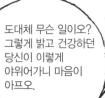

밤마다 꿈에
알 수 없는
청년이 나타나
저를 괴롭힙니다.

그날부터 황제는 황후를
위해 유명한 절마다
찾아가 불공을 드렸다.

얼마 뒤 황제도
이상한 꿈을 꾸었다.

황제는 남쪽을 향해 걸어가는 두 명의 스님을 발견하고
조용히 따라갔다.

잠시 뒤 두 스님은 어느 청년과 마주쳤다.

두 스님은 청년을 보자마자 호되게 꾸지람을 했다.

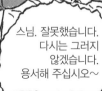

네 이놈!
네가 분명
불법을 어기고
밤마다 황후를
괴롭히는 그놈이렷다

스님. 잘못했습니다.
다시는 그러지
않겠습니다.
용서해 주십시오~

백년이고 천년이고
네가 진정으로 죄를
뉘우치는 날 다시
꺼내주겠다!

헉!

잠이 깬 황제는 꿈에 보았던 비슷한 산을 찾아 온 나라를 뒤지다가 끝내 찾지 못하고, 남쪽의 신라까지 내려오게 되었다.

우여곡절 끝에 어느 작은 산에 도착한 황제는 꿈에서 본 바위와 비슷한 석불을 발견하고 불공을 드렸다.

139

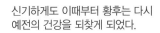
신기하게도 이때부터 황후는 다시
예전의 건강을 되찾게 되었다.

황제가 석불을 만난 곳이 바로 김해,
이곳 봉화산이었다고 한다.

마애불은 고려 시대의 작품으로 추정된다.
신체의 균형이 매우 잘 잡혀있고 조화로우며,
얼굴은 둥글고 풍만하며 세련된 것이 특징이다.

재미있고
신기한
전설이네요!

그렇지?
봉화산에는 유독 사랑에
대한 전설이 많은
편이란다.

자, 이제 슬슬 일어나서
진짜를 보러 가야지?

네~

와~ 마애불이다!

안녕하세요~

헉, 누나!
마애불이 웃었어!

웃기는 누가 웃어. 입을 꼭 다물고 있는 게 화난 거 같은데?

내가 보기에는 웃고 있는 거 같은데.

햇빛과 그림자의 방향에 따라서 조금씩 다르게 보이나 봐.

아니야! 진짜로 활짝 웃었다니까?

하하, 마애불이 희찬이의 순수한 마음을 읽고 웃어주셨나 보다.

비바람에 깎여 희미하지만 마애불의 오른손바닥은 위로, 왼손바닥은 아래를 향해 있단다. 잘 보거라, 그렇지?

네~

오른손은 중생의 두려움을 없애주고, 왼손은 소원을 이뤄준다는 전설도 있단다. 너희들도 오랜만에 온 김에 소원 하나씩 빌어보거라.

그래 무슨 소원을 빌었느냐?

비밀이에요. 할아버지는 무슨 소원을 비셨어요?

허허, 글쎄다.

대통령 할아버지는 맨날 웃기만 하셔. 무슨 기분 좋은 일이라도 있으세요?

봉화산을 아주 좋아하신다고 그랬잖아.

할아버지. 할아버지는 봉화산에서 어디가 제일 좋으세요?

저쪽 대통령의집 뒤쪽 골짜기를 넘어가면 나만의 놀이터가 하나 있었거든? 여기서는 숲에 가려서 잘 보이질 않네.

가는 길 중간에 왕대(대나무)가 있는데 숲이 참 아름다웠어. 그 숲 주변에 바위들이 여럿 있는데 어릴 때 거기서 바위를 흔들고 놀았지.

2008년 봉하마을에 돌아와 생태숲 가꾸기를 하면서 지금은 산책로가 어느 정도 정비되었는데, 처음에는 나무가 우거져 접근하기조차 어려웠단다.

당시엔 경호원 아저씨들이 정글 칼과 낫을 들고 쳐내면서 가야 겨우 들어갈 수 있었어.

우와, 그 정도였어요? 아주 예쁜 수목원처럼 아름답기만 한데요.

많은 사람들이 땀을 흘리고 노력을 기울인 덕분이지. 할아버지는 봉화산 곳곳을 좋아하지만 그중에서도 자은골을 가장 좋아한단다.

그런데 이름이 왜 자은골이에요?

김수로왕은 허황옥과 결혼해 아들 일곱과 딸 셋을 두었단다.

일곱 아들 중에서 두 명은 정치를 시키고 다섯은 절로 보냈다고 해.

그 중에서 다섯째 아들이 효성이 가장 깊었단다.

다섯째 아들은 이곳 봉화산으로 와서 암자를 하나 짓고 언제나 아버지의 만수무강을 빌었어.

그때 지은 암자 이름이 '아들 자(子)', '은혜 은(恩)'자를 더해 자은암(子恩庵)이고, 골짜기 이름도 자은골이 되었지. 봉화산을 예전에는 자은산이라고도 불렀단다.

정말요? 우리도 가봐요!

오늘은 정토원과 사자바위, 호미 든 관음상을 지나 도둑골로 내려가는 코스인걸?

호미든관음상

정토원

마애불

사자바위

부엉이바위

도둑골

묘역

아쉽지만 자은골은 다음에 가보기로 하고, 그 대신 자은골에 관한 이야기를 하나 더 들려주마. 우리 어머니에 관한 이야기야.

할아버지도 어머니가 계세요?

지금은 돌아가셨지만, 당연히 나한테도 어머니가 계셨지.

아주 총명하고 기가 센 분이셨어. 자기주장도 아주 뚜렷하셨단다. 나도 어머니를 닮아서 그런지 어릴 때부터 똑 부러지는 성격에 남에게 지기 싫어했지. 누구처럼 말이야. 하하.

희찬아, 들었지? 너 들으라고 하시는 이야기다.

쳇, 어디 두고 봐!

하하, 싸우지들 말고.

하여튼 어머니는 막내인 나한테는 아주 각별하게 대해 주셨어. 할아버지가 어렸을 때는 집안형편이 아주 어려웠었거든? 입학금이 없어서 중학교에 다니지 못할 뻔했으니까.

봉하마을은 지대가 낮아 비가 많이 오면
화포천이 자주 범람했단다.

논밭에도 물이 가득 들어차곤 했어.
당연히 논농사나 밭농사를 망칠 때가 많았지.

게다가 봉하는 가난한 오지 마을이라
땅이 없는 사람은 마땅한 일거리를
찾기도 어려웠어.

당시 우리 어머니가 집안 살림에 보태려고 저기 자은골
너머 낙동강 주변에 있는 배추밭과 무밭에 일을
다니셨는데, 일당 대신 배추와 무를 줄 때가 종종
있었다는구나.

어머니는 배추와 무를 한 아름 짊어지고
캄캄한 자은골을 지나 그 먼 길을 걸어
밤늦게나 집에 돌아오곤 하셨지.

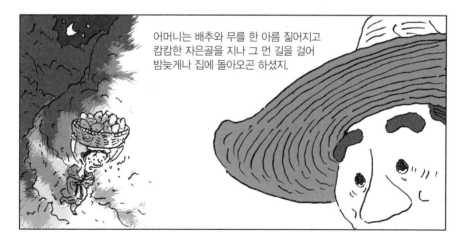

옛날엔 그런 일이 참 많았나 봐요. 몇 년 전에 돌아가신 저희 증조할머니도 저희 친할아버지를 키우실 때 보따리 장사를 하며 전국에 안 가본 곳이 없을 정도셨대요.

그래, 그 시절엔 그랬어.

아차, 시간이 벌써 이렇게나 지났네.

곧 도착할 시간인데, 어디쯤 오셨을까나.

왜요, 할아버지. 누가 오기로 돼 있어요?

응. 너희들이 아주아주 좋아할 만한 분을 초대했지. 너무 놀라지들 말거라.

누군데요? 누군데요? 예? 얼른 말해주세요.

조금만 기다려라. 금방 오실 거야.

부스럭

저벅 저벅

저벅 저벅

저벅 저벅

문재인
대통령

저도 많이 보고 싶었습니다.
문 변호사, 아니 이제는
문재인 대통령님이라고
불러야지요?

이렇게 '대통령님~'하고
부르게 될 날이 올 줄은
꿈에도 생각을 못했습니다.
너무나 기쁩니다.
늦게나마 축하합니다.
그동안 정말 고생이 참
많았습니다.

우리 모두에게
참 많은 일들이 있었던
10년이었습니다.
어쩌다 보니 저희에게
'정치하지 마라'시던 말씀을
어기고 말았네요.

아니요, 무슨 말씀을요.
저도 그 마음 누구보다 잘 압니다.
오히려 제가 힘이 되어 드리지
못해 미안할 따름입니다.

1975년 제17회 사법고시에 합격한 노무현은
2년 뒤인 1977년 대전지방법원에서
판사 생활을 시작했다.

그러나 융통성 없는 조직 분위기와
단조로운 일상은 노 대통령에게는
영 맞질 않았다.

노 대통령은 이듬해 5월 짧은
판사 생활을 끝내고 변호사 개업을
했다. 조세 전문가로 활동하며
돈과 명성도 얻게 되었다.

그러나 출세해서 가난하고 힘없는
사람들을 도와주겠다던 어린 시절의
꿈에서는 점점 멀어져가고 있었다.

변호사 노무현

4년 뒤, 노 대통령은 그의 인생을
완전히 뒤바꿔놓은 인생일대의 사건과
마주하게 된다. 바로 '부림사건'이다.

부림사건은 부산지역 최대의 용공조작사건이다. 전두환 정권 공안당국은 독서모임인 〈부산양서판매이용협동조합〉 회원인 학생과 교사, 회원 등 19명을 영장 없이 체포해 최장 60여일까지 불법 감금·고문하고 구속기소했다.

당시 노 대통령은 이 사건으로 억울하게 누명을 쓴 이호철, 고호석, 송병곤 등의 변호를 맡으면서 인권 변호사의 길을 걷게 되었고, 그의 삶은 완전히 새로운 길로 접어들게 되었다.

부림사건 피해자들은 민주화운동 관련자로 인정을 받았고, 2014년 2월 재심을 통해 33년 만에 일부 무죄 판결과 국가배상판결을 받았다.

인권변호사로 이름을 알리기 시작한 노 대통령은 1982년, 막 변호사를 개업한 젊은 문재인을 만나게 된다.

문재인은 부림사건의 피해자였던 이호철과 경남고등학교 동문이기도 했다. 1982년 두 사람은 〈변호사 노무현·문재인 합동법률사무소〉를 열었다. 운명적인 만남이 영원한 인연으로 가는 시작이었다. 이후 두 사람은 인권변호사로서, 대통령과 비서실장으로서 그리고 평생의 동지이자 친구로서 깊은 우정을 쌓았다.

노무현은 문재인보다 나이가 일곱 살이나 많았고, 고시도 5년 위인 대선배였지만 한 번도 하대를 하거나 말을 놓은 적이 없었다. 오히려 늘 깍듯한 높임말로 친구 문재인을 대우했다. 그는 문재인을 두고 "노무현의 친구 문재인이 아니라, 문재인의 친구 노무현"이라 자랑스럽게 소개했다. 두 사람은 삶의 중요한 시기 대부분을 함께했다. 노무현의 마지막을 지킨 것 역시 문재인이었다.

이 아이들이 바로 그 아이들인가요?

예, 오늘 봉하마을 특별손님들입니다.

예전부터 아이들을 참 좋아하셨지요. 그래, 너희들은 어디서 왔니?

서울이요. 누나들하고 동생하고 다 같이 왔어요. 막내는 너무 어려서 산에는 못 오고 마을에 이모들하고 같이 있고요.

그래. 먼 길 오느라고 고생이 많았겠구나. 그 대신 아주 특별한 분과 함께하게 되었으니 정말 큰 행운을 얻었네.

예~

문재인 대통령님. 오늘은 오랜만에 문 대통령님과 함께 옛 이야기도 하고, 봉화산 산책하고 싶어 바쁘신 걸 알면서도 일부러 오시라 부탁드렸습니다.

문 대통령님은 나보다도 훨씬 더 산을 좋아하고 즐겨 다니는 분이시란다.

하하. 무슨 말씀을요. 봉화산은 대통령님의 특별한 이야기가 있는 공간인걸요.

웬걸요. 저도 소문 들어서 잘 알고 있습니다. 노무현재단 이사장하실 때 매달 봉화산을 오르셨잖습니까.

대통령님에 비할 바는 아니지만 노무현재단 회원, 시민 여러분과 함께 봉화산 대통령의 길을 걸으며 봉화산에 숨은 이야기들을 많이 알게 됐습니다. 좋은 사람들과 좋은 추억이 깃든 곳을 함께 걷는 것은 아주 행복한 일이지요.

저도 그 마음 아주 잘 압니다. 손님들 찾아오실 때마다 저도 같은 마음으로 봉화산에 올랐으니까요.

요즘은 정기적인 행사를 하지는 않지만 노무현재단 지역위원회나 봉하캠프 프로그램을 통해 많은 분들이 대통령님이 즐겨 걷던 길을 걷고 있지요. 산책로와 이정표를 잘 정비해놓아서 시민께 좋은 산책로로 사랑받고 있습니다.

저희도 대통령의 길 봉화산 코스를 걸어봤어요. 노무현재단 1박2일 봉하캠프에서도 걷고, 자원봉사 하는 삼촌 이모들과도 왔었구요.

이렇게 멋진 여행을
노무현 대통령 할아버지,
문재인 대통령 할아버지랑
같이 할 수 있다니!

정말
좋아!

엄마 아빠가 아시면
정말 놀라시겠지?
아빠는 같이 못 온 걸
두고두고 후회하실지
몰라~!

하하하.

노 대통령은 생전에 봉하마을을 찾아온 많은 방문객들에게 보여줄 게 별로 없는 게 늘 미안했다.
귀향 전부터 계획해온 봉화산 숲 가꾸기, 마을 가꾸기, 화포천 정화활동 등을 통해 어린 시절부터
거닐던 봉하마을 주변 산과 숲길, 논길, 화포천을 많은 사람들이 함께 즐길 수 있도록 변화시켰다.

노 대통령 서거 후 권양숙 여사는 노무현재단과 함께 대통령이 이루지
못한 뜻을 이어 봉화산길을 아름다운 생태산책길로 직접 가꿨고 이를
'대통령의 길'이라 불렀다.

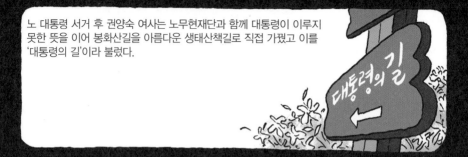

그리고 노무현 대통령 서거 1주기를 맞아
2010년 5월 16일 '대통령의 길–봉화산코스'가
시민들에게 개방되었다.

당시 노무현재단 이사장이었던 문재인 대통령은 노무현재단 회원,
시민들과 함께 매달 '문재인 이사장과 함께 걷는 대통령의 길'
행사를 열었다.

'대통령의 길' 걷기는 노무현 대통령의 꿈과
향취를 직접 느낄 수 있는 좋은 만남의 장이 되었다.

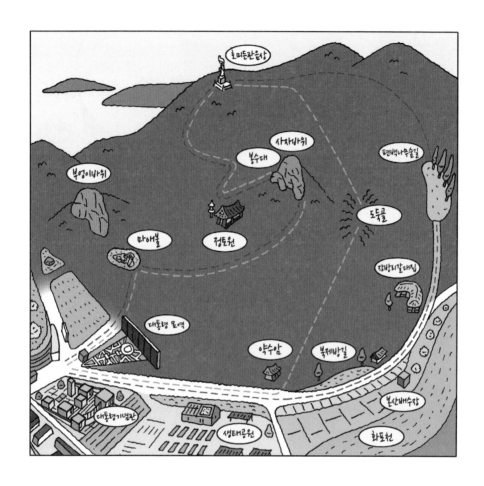

⊙ 대통령의 길 1코스(빨간색) : 약 2시간 30분 소요

대통령 묘역 → 마애불 → 오솔길 → 정토원 → 사자바위 → 호미 든 관음상 → 편백나무숲길
→ 장방리갈대집 → 본산배수장 → 북제방길 → 약수암 → 생태문화공원 → 대통령의집

⊙ 대통령의 길 2코스(파란색) : 약 1시간 30분 소요

대통령 묘역 → 마애불 → 오솔길 → 정토원 → 사자바위 → 호미 든 관음상 → 편백나무숲길
→ 도둑골 → 약수암 → 생태문화공원 → 대통령의집

자, 힘들었지? 요 위에 사자바위와 호미 든 관음상까지 오르기만 하면 봉화산 코스 중에서 힘든 곳은 다 끝났다고 보면 된단다.

벌써요? 30분밖에 올라오지 않았는데요. 그것도 중간에 몇 번씩 쉬고 이야기도 많이 하느라 그런 거지 아니었으면 더 빨리 올라왔겠어요.

그래. 우리 동네 관악산에 비하면 여기는 정말 여유로운 산책코스 같아.

할아버지, 이쪽에 무슨 절이 있어요.

응, 여긴 정토원이란다. 저기 평상에 앉아서 잠시 쉬었다가 사자바위로 올라가자.

선 법사님 계신가?

잠시 보고 오겠습니다.

봉화산 정토원은 1920년에 자암사라는 이름으로 처음 세워졌다. 1972년 이후, 두 차례에 걸쳐 화재가 발생하여 법당과 요사채가 전소되었으나 현재 정토원의 원장인 선진규 법사가 1984년에 다시 조립식 건물을 세우고 법당과 청소년 회관으로 사용하면서 사찰명을 '봉화산 정토원'으로 개칭했다.

얘들아 저 분홍색 꽃이 핀 나무가 무슨 나무인지 아니?

아뇨. 자주 본 꽃이긴 한데….

아까는 노무현 대통령 할아버지가 여기저기 꽃 이름을 물어보시더니, 이제는 문재인 대통령 할아버지 차례네. 큭큭.

영서야, 대통령님께 말 좀 예쁘게 하면 안 될까?

괜찮아, 괜찮아. 너희들만 할 때는 저런 모습이 더 자연스럽지.

할아버지. 무슨 꽃나무인지 알려주셔야죠.

배롱나무라고
부른단다.

메롱나무요?
메롱?

또 저런다.

배롱나무는 다른 말로
목백일홍이라고도 해요.
꽃이 백 일 동안 간다고
해서 붙여진 이름이지.

줄기를 만지면
모든 가지가
흔들린다고 해서
'간지럼나무'라고도
한단다.

정토원의 배롱나무는
백 살 정도 나이를
먹었다고 하더구나.

배롱나무는 꽃이 한번에
피고 지는 것이 아니라
여러 날에 걸쳐 피고 지는
덕에 마치 오랫동안
꽃이 펴 있는 것처럼
보인단다.

꽃이 참 예뻐요.
백 일 내내 핀다니,
우리 집 마당에도
한 그루 있으면
좋겠어요.

꽃말이
참 아름다우면서
애잔하단다.

꽃말도
있어요?
뭔데요?

'헤어진 벗에게 보내는 마음', '떠나간 벗을 그리워하는 마음'이란 뜻이란다.

왠지 꽃말이 좀 슬퍼요.

좀 그렇지?

ㅅㅅㅅㅅㅅ

쏴아아아

짝짝짝짝짝짝

정토원 분위기가 너무 좋아요, 대통령 할아버지.

그래, 참 좋구나~

배롱나무에 얽힌 전설 하나 들려줄까?

네!

옛날에 머리가 셋 달린 이무기가 있었대요. 이무기가 뭐냐면, 전설 속에 등장하는 동물인데 여러 해 묵은 구렁이를 말하기도 하지.

이 동물이 차가운 물속에서 천 년 동안 지내면 용으로 변해 여의주를 물고 하늘로 올라간단다. 이무기는 아직 용이 되지 못한, 미완성의 용이라고 할 수 있지.

옛날, 아주 먼 옛날 서해바다의 어느 어촌에 새우개라는 포구가 있었다.

물고기가 많고 멀지 않은 곳에 도회지가 있어 살기 좋은 마을이었다.

그러던 이 마을에 머리가 셋이나 달린 이무기가 나타나면서 근심이 깊어졌다.

이무기는 마을 사람들을 협박해 매년 아리따운 처녀 한 명을 제물로 받아 갔다.

어느 날 한 장사가 나타나서 그해 제물로 선정된 처녀 대신 그녀의 옷을 갈아입고 이무기를 죽이겠다고 말했다.

그는 하얀 치마에 저고리, 장옷을 입고 제단에 앉아 있다가 이무기가 나타나자 칼로 이무기의 목 두 개를 베었다.

저는 죽은 목숨이나 다름 없었는데 저를 살려주셨으니 죽을 때까지 옆에서 당신을 모시겠습니다.

아직은 이릅니다. 아직 이무기가 완전히 죽지 않았소. 이무기를 찾아 남아있는 목 하나를 마저 베어야 하오.

내가 성공하면 흰 깃발을 달고, 내가 실패하면 붉은 깃발을 달 것이니 그리 아시오. 이제 배를 띄워 이무기를 잡으러 가야겠소.

처녀는 장사가 무사히 돌아오기만을 빌며 백 일 간 치성을 드렸다.

장사는 죽을힘을 다해 이무기와 싸웠다. 마침내 장사가 이무기의 목을 베자, 이무기의 목에서 피가 뿜어져 나와 흰 깃발을 붉게 물들였다.

이무기를 해치웠으나 오랜 싸움에 기력을 잃은 장사는 처녀에게 돌아가기 위해 힘겹게 배를 돌렸다.

백 일 치성을 드리던 처녀는 드디어 멀리서 오고 있는 배를 발견했다.

그러나 깃발은 온통 붉게
물들어 있었다.

처녀는 장사가 죽었다고
생각하여 그 자리에서
스스로 목숨을 끊었다.

그 후 처녀의 무덤에서 나무가
자라났는데 붉은 꽃무리가
깃발처럼 피어 백 일 동안 지지
않았다고 한다.

정말
안타까운 사랑
이야기네요.

그래, 너희들에게는
생소하겠지만 어른들에게는
많이 알려져 있는 이야기란다.
전설이 대부분 그렇지만
내용이 조금씩 변주되어
전국에 퍼져 있지.

옛날에는 '전설의 고향'
같은 사극에서도
방영되곤 했어.
오래된 이야기지….

선 법사님은
서울에
가셨다네요.

배롱나무 이야기
중이셨나 봅니다.

너희들,
왜 배롱나무를
절 마당에 많이
심는 줄 아니?

몰라요~

배롱나무가 껍질을
다 벗어버리듯 세속의
욕심과 미련에서 벗어나길
바라는 마음에 옛날부터
스님들이 많이 심었단다.

선비들이 기거하는 곳에도
배롱나무를 많이 심었어요.
배롱나무가 청렴을
상징하기 때문이지요.

나무 하나에도
참 많은 이야기와
의미가 담겨있네요.

자, 더 뜨거워지기 전에
어서 사자바위로
올라볼까요?

그게 좋겠네요.
아이들이 곧
배고플 시간이니.

얼마나
걸려요?

사자바위는
정토원에서 5분도
안 걸린단다.
요 바로 위야.
금방이다.

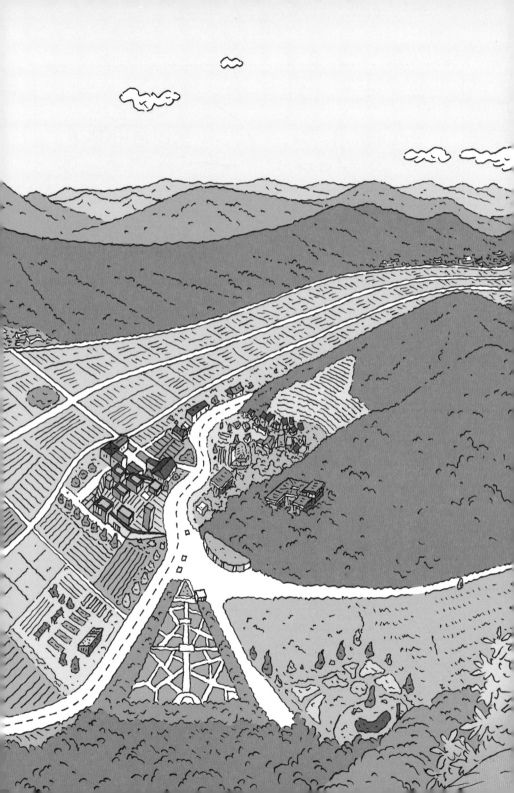

가슴이 탁 트이는 것
같아요~

저도 오랜만에 보는
풍경입니다. 여전하네요.
사자바위에서 바라보는
풍경은 참 아름답고
장엄하기까지 합니다.

얼마 올라오지
않았는데도
저 멀리까지 한눈에
들어오는데요?

그래. 저 아래가
봉하들판과 마을이고,
왼쪽이 화포천이란다.

화포천 너머 저 멀리
보이는 산이 무척산이야.

봉하들판 오른쪽 끝에는
여기서는 잘 보이지 않지만
새들의 낙원이라고 불리는
주남저수지가 있지.
계절마다 수많은 철새들이
날아오는데, 겨울철새들은
여기 화포천과 주남저수지를
오가며 생활하기도 한단다.
등 뒤에는 낙동강이
흐르고 있어.

아, 여기네요?

대통령 할아버지가 봉화산을 왜 그렇게 좋아하시는지 알거 같아요.

그렇지? 이 산이 나에겐 참 소중하단다. 어릴 때 여기 올라오면, 여기서 내려다보이는 풍경이 내가 볼 수 있는 세계의 전부였지.

나는 중학교 2학년 때까지 버스나 기차를 타고 진영을 나가본 적이 없었거든.

소 꼴 베러 가다가 기차가 지나가면 하던 일을 멈추고 손을 막 흔들고 그랬단다.

촌놈이었지.

그때는 지금처럼 KTX나 그런 게 없이 기차가 느려가지고 기차 타고 가는 사람들 얼굴이 다 보였어. 반가운 벗이라도 있는 듯 손을 흔들어댔어. 마음 한편으로는 기차 탄 사람들이 아주 부러웠단다.

봉화산에 오르면 기차도 보이고, 화포천도 보이고 낙동강도 보이고⋯. 뭐랄까, 내게는 꿈을 상징하는 존재 같은 거였지.

하늘을 나는 기분이랑 비슷한가 봐요.

아, 그거랑 비슷할 수도 있겠다. 하하.

그런데 할아버지. 매번 그런데 봉화산은 이름이 너무 헷갈려요. 처음 왔을 때는 봉하마을에 있는 산이니까 '봉하산'인줄 알았어요.

지금도 이름을 헷갈리는 사람들이 아주 많단다. 기억하기 쉽게 할아버지가 설명을 해주마.

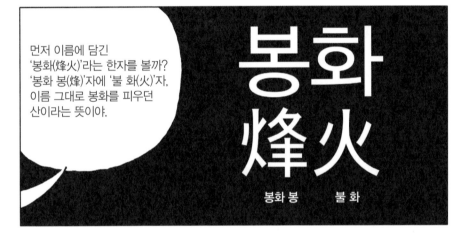

먼저 이름에 담긴 '봉화(烽火)'라는 한자를 볼까? '봉화 봉(烽)'자에 '불 화(火)'자, 이름 그대로 봉화를 피우던 산이라는 뜻이야.

봉화
烽火

봉화 봉　　　불 화

조선시대에 왜적이 침입했을 때 부산 가덕도 천성보에서 이를 알리는 봉화를 올리면 녹산, 김해에 이어 이곳 진영 봉화산에서 다시 봉화를 올렸지. 이런 식으로 한양까지 소식을 전하곤 했단다. 당시로서는 가장 빠른 전달법이었어.

이게 바로 봉수대를 복원한 것인데, 봉수대(烽燧臺) 아래에 있는 마을이라고 해서 '봉하(烽下)마을'이 된 거란다.

아하, 봉화를 피우던 산 봉화산! 봉수대 아래에 있는 마을 봉하마을! 간단하네요?

그래. 봉화산은 해발 140m에 불과한 낮은 산이야. 그렇지만 나는 여기 오신 손님들에게 봉화산을 '낮지만 높은 산'이라고 소개하곤 한단다.

낮지만 높은 산이요? 말이 좀 이상한데요.

그렇지? 할아버지 말을 들어보면 이해가 될 거야.

사자바위에서 보면 봉하들판은 물론 화포천, 멀리 낙동강까지 사방 50리가 한눈에 내려다보인단다. 너희도 봤지 않니? 아주 높은 산에 오른 듯한 느낌이 들지?

그러니 봉화산은 낮으면서도 세상이 다 보이는 높은 산인거지. '작은 고추가 맵다'라는 말도 있지.

정말 말 되는데요?

또 하나, 봉화산은 '작지만 깊은 산'이기도 하단다.

내가 어렸을 때 여러 학교에서 소풍을 많이 오곤 했는데, 마음껏 놀라고 풀어놓고 나면 하루 종일 뛰어놀아도 아이들끼리 좀처럼 마주치는 일이 없을 정도였거든. 봉화산은 산맥이 없는 작은 산이지만 그만큼 숲이 깊었단다.

옛날 생각이 나는군요. 대통령님 지금 모습이 귀향하셨을 때 방문객들께 인사할 때랑 너무 닮았습니다.

하하 그렇습니까. 오랜만에 마을 안내를 하다 보니 나도 모르게 흥분을 했네요.

참 보기 좋습니다.
저도 다시 한 번 듣고
싶습니다.

해주세요, 해주세요. 이야기해주세요~!!!

저~기 건너 산이 뱀산이거든?
건너 산이 뱀산인데, 언제부터인가
사람들이 자꾸 용(龍)산이라고
불러요.

나는 용산보다 뱀산이
좋은데 말이야. 왜냐하면
용은 이미 이룰 걸 다 이뤄서
별로 희망이 없지만 뱀은
앞으로도 용이 될 희망이
있지 않니. 그러니 뱀산이
더 좋지 않겠어?

네~

그렇기도 하고, 사실은 예전에 백기환 선생의 책을 읽어보니 거기에 그 용이란 놈이 아주 고~약한 놈이래요.

일은 안하고 특권만, 특권만 누리려고 한다고. 기회만 딱 호시탐탐 보고 있다가 어떻게 여의주만 얻으면 그저 용이 될 생각만 한다는 거지.

어쨌든 저 산은 뱀산이야.

뱀산 앞에 조그만 동산 같은 게 보이지? 우리는 '개구리산'이라고 불러요.

뱀산과 개구리산을 보면 뱀이 개구리를 잡아먹으려고 확! 노리고 있는 형국이란 말이야.

또 하나. 봉화산을 옛날에는 황새산이라고도 불렀는데, 잘 보렴.

여기 뱀이 개구리를 잡아먹으려고 노리고 있는데, 황새가 뱀을 견제하고 있는 것 같지 않니?

너무 신기해요!

이야기를 하려고 하면 하루 종일 해도 모자라겠다. 점심때도 다가오니 이제부터는 길을 좀 서둘러야겠는걸?

예, 그게 좋겠습니다. 여기서부터는 '호미 든 관음상'을 거쳐 도둑골, 약수암 쪽으로 내려가는 게 좋겠지요?

예. 그러시죠. 얘들아, 가자~

네!

할아버지, 또 오르막인데요. 아까는 힘든 코스는 다 끝났다면서요.

하하, 얼마 안 걸려. 요 녀석이 도시에서만 지내서 그런지 엄살이 심하네.

보거라, 저기 '호미 든 관음상(觀音像)'이 벌써 보이지 않니?

아~ 그렇네요.

와, 굉장히 큰데요?

탁탁탁탁

24척 높이라고 하니까, 7미터가 조금 넘지.

1959년에 당시
동국대 학생회장이었던
선진규 원장을 포함해
31명의 대학생 불자들이
봉화산 기슭에
3미터짜리 호미 든 관음상을
봉안했단다.
그러다 태풍으로 관음상이 부서져서
40년만인 1999년에
전체 높이 7미터짜리 관음상을
새로 세웠지.

일반적으로 관음상은 왼손에는 녹양(綠楊), 그러니까 푸른 잎이 달린 버드나무를 들고, 오른손에는 감로수(甘露水)가 든 병을 들고 있단다. 그런데 봉화산의 관음상은 왼손에 버드나무와 감로수병을 들고, 오른손에는 밭일을 할 때 쓰는 호미를 들고 있어.

호미 든 관음상이 처음 세워질 때는 1950년대 말로 자유당 독재로 나라가 아주 암울했던 시기였단다. 불교계에도 내분이 많아 어지러웠다더구나.

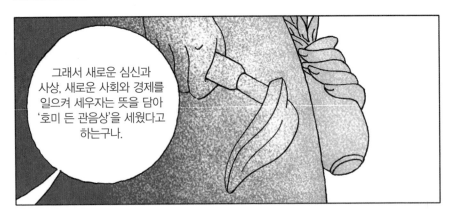

그래서 새로운 심신과 사상, 새로운 사회와 경제를 일으켜 세우자는 뜻을 담아 '호미 든 관음상'을 세웠다고 하는구나.

가는 곳마다 사연 없는 데가 없네요.

세상사가 다 그렇지 않겠니. 전망대로 가볼까?

사자바위에서 볼 때랑 또 다르게 멀리 풍경이 너무나 잘 보여요~

잠시 주변 경치를 살펴보자.
관음상 뒤 동쪽의 높은 산이
무척산이란다.

거길 중심으로 반시계 방향으로
금동산, 석용산, 신어산, 분성산,
경운산, 팔판산, 불모산, 장유봉,
신정산, 대암산….

어휴,
그렇게나 산이
많아요?

아직 더
많은데?

그 옆으로 정병산, 천주산,
용지봉, 농바위, 구월산부터
만어산 구천산 금오산까지
김해와 창원, 창녕, 밀양
등지의 웬만한 산을 모두
여기서 볼 수가 있단다.

어휴,
어지러워요.

저 너머 햇살에 반짝반짝
빛나는 것이 낙동강이란다.
그 옆에는 각종 채소와 작물들을
재배하는 커다란 비닐하우스가
길게 늘어서 있지.

여기서는 봉하마을도
보인단다.

봉화산은 참 신기해요. 이렇게 작은 산에서 저 넓은 세상을 다 볼 수 있다니.

여기 호미 든 관음상이 저 너머 사자바위와 함께 새해 일출을 보기에 아주 좋은 곳이란다. 그래서 해마다 새해 첫날이면 이곳에서 해맞이 행사가 열리지.

새해 첫날 일출은 어디서 보든지 다 아름답지만, 봉하에서, 그것도 좀 더 높은 곳에서 멀리 내다보고 싶다면 사자바위와 이곳이 아주 좋아.

다만 사람들이 많이 몰리기 때문에 봉화산을 잘 안다면 패러글라이딩을 하는 활공장 공터나 뱀산에 가도 나쁘지 않아.

다만 길을 잘 아는 일행과 동행하는 게 좋겠지? 새해 첫날부터 산에서 길을 잃으면 안 되니까 말이다.

아빠랑 오면 돼요. 아빠는 해마다 봉화산에서 새해 첫 일출 사진을 찍으시거든요.

오호, 그렇구나.

자, 이제 하산길입니다. 도둑골로 내려갑시다.

넘어진다. 뛰지 말고~

대통령 할아버지, 그런데 왜 이 길을 도둑골이라고 불러요?

봉화산에는 도둑골과 야시골이란 두 개의 유명한 골짜기가 있단다.

봉화산 동쪽에 있는 도둑골은 옛날에 이 근방에 도둑이 많이 나왔다고 해서 붙여진 이름이고, 서쪽에 있는 야시골은 여우가 엎드려서 꼬리를 돌아본다고 해서 그렇게 불렸단다.

도둑골은 도를 얻고 깨우쳤다는 의미의 '도득(道得)골'이 사람들의 입을 통해 전해지다가 '도둑골'이 되었다는 이야기도 있어.

대통령님과 강금원 회장님이 함께 봉화산 올랐다가 찍은 사진 있지 않습니까. 두 분 웃음이 너무나 좋아서 많은 분들이 참 사랑했던 사진.

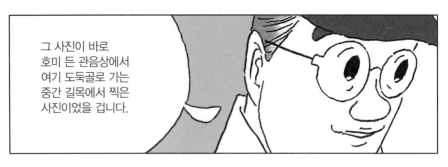

그 사진이 바로 호미 든 관음상에서 여기 도둑골로 가는 중간 길목에서 찍은 사진이었을 겁니다.

하하하하하

그 사진이 그렇게 유명해졌습니까? 생각해보니 그날 강금원 회장님과 봉화산을 산책하고 내려가던 길이었네요. 참 기분 좋았던 하루였습니다. 오늘 산책도 그렇구요.

자, 어느새 약수암이다. 다들 오늘 봉화산 산책이 어땠니?

정말 좋았어요. 힘들지도 않고.

재미있는 이야기가 많아서 더 좋았던 것 같아요.

다음에 우리 또 가요, 할아버지.

나두!

너희들이 즐거웠다니 할아버지도 기분이 아주 좋은걸? 애들아. 우리 여기서 잠시 헤어졌다가 이따가 오후에 다시 만나자.

봉하마을 한복판에 초가집이 하나 있거든? 할아버지가 태어나서 자란 집이란다. 거기 가면 반가운 분이 너희들을 맞이하실 거야.

그동안 할아버지는 잠시 집에 들러 여기 문 대통령님하고 못다 한 이야기를 좀 나누고 있으마.

예, 노무현 대통령 할아버지, 문재인 대통령 할아버지, 고맙습니다!!

푸드드드득

2부
———
1장

"역사는 알아줄 겁니다"

"희생과 봉사는 우리 사회를 더 좋은 곳으로 만드는 데 꼭 필요한 일입니다. 주변과 이웃이 아름답지 않고, 따뜻하지 않고, 넉넉하지 않고, 정의롭지 않고, 깨끗하지 않으면 아무도 행복할 수 없습니다. 아름다운 자연, 그 속에 살고 있는 생물과 교감을 나누며 고향을 싸안는 마음은 이웃을 더욱 넉넉하고 아름답고 따뜻하게 만드는 밑천이 될 것입니다."

– 노무현 대통령 봉하 방문객 인사 中

희찬아, 여기 좀 봐봐. 처마 안쪽에 뭐라고 글씨가 새겨져 있어. '사·람·사·는···', 아하! 사람사는세상이라고 쓰여있네?

어? 진짜다. 누가 쓴 거지?

아빠가 그러시는데 봉하마을 자원봉사자 모임 '봉하가는길'에서 2008년 10월 25일에 여기서 현판식을 했대. 대통령 할아버지의 귀향과 자원봉사자들의 만남을 기념하는 의미였다더라.

너희들, 혹시 여기 말고 봉하마을에 정자가 또 하나 있는 거 알아?

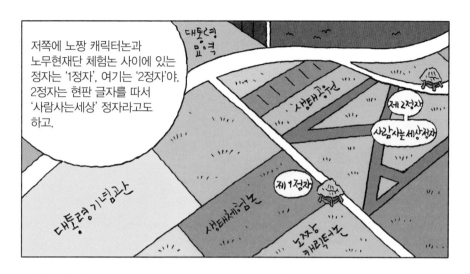

저쪽에 노짱 캐릭터논과 노무현재단 체험논 사이에 있는 정자는 '1정자', 여기는 '2정자'야. 2정자는 현판 글자를 따서 '사람사는세상' 정자라고도 하고.

대통령묘역

생태공원

제 2정자

사람사는세상정자

제 1정자

대통령기념관

생태체험논

노짱 캐릭터논

나도 들었어. 1정자에서 했던 대통령 할아버지 생신파티 사진 봤어. 그때 서울에서 오신 사람사는세상 동호회 '사랑나누미' 삼촌이랑 이모들이 직접 떡 케이크를 만들어 대통령 할아버지의 귀향 첫 번째 생신파티를 했다고 그러더라구.

오호, 대단한데, 그걸 어떻게 알았어?

이 정도는 기본이지~

누나, 근데 여기가 봉하마을에서 어디쯤이야?

어, 잠깐만~

어머, 얘들아. 빨리도 전화한다. 배고플 때가 되니까, 이제야 이모 생각이 나나 봐?

이모, 죄송해요. 오전에 장군차밭 구경 가고, 봉화산에도 올라가느라 너무 바빴어요. 유찬이는 뭐해요?

유찬이는 신나서 여기저기 뛰어다니고 장난치고 난리도 아니야. 너희도 봉하장터로 올래?

언니, 이모가 뭐라셔?

봉하장터로 오라고 하시는데?

봉하연수원

여기야.

마을회관

봉하장터

직선거리로 500m 정도 될 거 같은데? 아까 갔던 강금원 연수원 맞은편에 있어.

렛츠고~

릴라 이모~
저희 왔어요!

어서 와, 얘들아~

이모,
우리 유찬이
정말 귀엽죠?

그래, 너희들은
엄마 아빠 닮아서
다 이뻐!

그런데 유찬이가
말이 늦어서 걱정이에요.
두 돌이 훨씬 지났는데….

말이 빠른 애도 있고,
좀 늦는 아이도 있고 그래.
아마 좀 지나면 너무
수다스러워서
시끄럽다고 할 걸?

유찬이는
엄마 아빠만
좋아해요~

히~

196

누나가 잘 좀 해줘. 누나를 더 좋아할걸?

너부터 잘 해주고 그런 말 하시지.

너희들 여전하구나. 유찬이 안고 다니기 힘들면 바로 옆에 봉하마을 안내소에서 유모차 무료로 빌려주니까, 다음에는 한번 이용해보렴.

어머, 벌써 시간이 이렇게 됐네. 봉하장날 근무 교대시간인데, 어쩌지?

봉하장날? 봉하장터? 이모, 뭐가 이렇게 비슷해요. 에구, 헷갈려~

아까 너희들이 아이스크림 먹었던 곳 있잖아? 거기가 '봉하장날'이야.

봉하장날은 봉하마을과 경남지역의 친환경 식품을 파는 곳이다. 방앗간(영농법인 봉하마을)에서 운영하고 있다. 매장 문을 처음 열었던 2012년에는 주로 봉하쌀, 봉하김치, 봉하된장, 봉하간장, 봉하막걸리 같은 친환경 농산물과 가공식품만 판매했다.
2015년 6월부터 매장 시설을 확장하고 친환경 상품 종류도 경남지역의 친환경 농수축산물과 가공식품, 생활용품 등으로 확대했다. 소비자의 건강뿐 아니라 건강한 상품을 만드는 경상남도 지역 식품장인과 기업을 지원하기 위한 뜻도 담았다.

노 대통령 귀향 이후 방문객들이 폭주하면서 봉하마을에는
전에 없던 걱정거리가 하나둘 생겨나기 시작했다.

볼거리나 먹거리, 놀 거리가 있는 것도 아니었고 상가나 이렇다 할
편의시설도 하나 없었다. 가장 시급했던 건 먹거리였다.

밀려드는 방문객들이 먼 길을 찾아와 밥 한 끼도 제대로 못 먹고
돌아가야 할 판국이었다. 마을입구 주차장 한 편에 간단한 간식과
먹거리, 잡화류를 파는 '휴게소 분식'이 유일하다시피 했다.

이곳은 노 대통령이 촌부의 복장으로 담배를 물고 있는
사진과, 손녀 서은이의 손이 차가울까 봐 휴지로
아이스크림을 돌돌 말아 먹이던 사진으로 유명해진 곳이다.

휴게소 분식은 대통령 재임 중인 2004년 11월에 문을 열어
2018년까지 운영되었다.

부족한 먹거리 해결을 위해 주민들과 의논 끝에 마을회관 한 쪽을 개조하고 간단한 식사를 할 수 있는 테마식당을 열었다. 몇몇 주민들은 길가에 임시로 작은 포장마차를 열어 어묵이나 국수를 만들어 팔기도 했다.

그러나 언제까지 임시방편으로 방문객들을 맞이할 수는 없었다. 노무현재단과 아름다운봉하재단, 김해시 등이 머리를 맞댔다.

노 대통령이 생전에 구상했던 '친환경 생태마을', '시민민주주의 교육의 장', '아름답고 살기 좋은 농촌 만들기' 실현을 위해 추모시설과 마을 편의시설, 각종 프로그램 등을 정비하는 등 '봉하마을 마스터플랜'을 추진했다.

흩어져 있는 상가들을 한 데 모아 2017년 5월 노무현 대통령 서거 8주기에 맞춰 지금의 '봉하장터'로 새롭게 문을 열었다.

방문객들이 차를 마시거나 책을 보며 휴식을 취할 수 있는 북카페 형태의 '카페 봉하', 테마식당의 업그레이드 버전 '봉하밥상', 잡화류를 파는 '봉하 편의점', 분식집 등 편의시설이 봉하장터에 입점한 주요 매장들이다.

문고리 삼촌!!!

어이, 잘들 지냈냐~!

어머, 문고리님 오셨네. 잘 됐어요. 아이들과 놀아주고 싶은데 매장 교대시간이라. 잘 좀 부탁해요~

걱정 말고, 일 보소.

얘들아, 엄마아빠는 어따 두고 느그들끼리 왔노?

어쩌다보니 그렇게 됐어요. 문고리 삼촌.

대구가 고향인 문고리님(김영호)은 일찍부터 노사모 회원으로 활동해오다 2002년 노 대통령이 대선 후보로 출마하고 국민경선에 뛰어들면서부터 '노무현의 사진사'로 새로운 삶을 시작했다.

문고리
봉하마을 포토그래퍼

2008년 노 대통령 귀향 당시 그는 거처를 아예 봉하마을로 옮겨 지금까지 10년이 넘게 노무현과 봉하마을 사진을 전문으로 찍고 있다.

대통령 귀향 당시 사진을 찍던 보좌진과 자원봉사자들을 순번으로 나눠 구분했는데, 일곱 번째였던 그를 '봉하찍사 7', 줄여서 '봉칠'이라고도 불렀다.

대통령 서거 이후 봉하마을에서 일어나는 거의 모든 일들이 그의 사진에 다 담겼다고 할 만큼 봉하마을에 대한 애정이 깊다. 그는 또한 화포천 사진작가로도 유명하다.

봉하찍사
문고리

문고리의 봉하사진관

와, 너희들 그사이 정말 마이 컸네. 윤서랑 현서는 벌써 숙녀 다 됐어.

영서랑 희찬이는 학교 잘 댕기나?

유찬이는 걸음마도 제대로 못하던 게 엊그제 같은데 이제는 뛰 다니네. 하하~

삼촌, 오늘 봉하마을에서 귀한 분들을 많이 만났어요. 노무현 대통령 할아버지, 문재인 대통령 할아버지도 만났구요.

이따가 더 많은 분들을 만날 수 있대요.

오호, 그래? 그럼 오늘 나도 오랜만에 제대로 사진 좀 찍어야겠는걸!

삼촌, 저쪽에 사람들이 아주 많이 모여 있어요.

생가 쪽인 거 같은데, 무슨 행사라도 하나? 우리도 저리로 가보자.

오늘 노무현 대통령님이 여기 나오실 거래요.

참말인교? 그라모 근 10년 만에 하는 방문객 인사네?

그러게 말이여. 이런 천운이! 오늘 봉하마을 오기 정말 잘 했네유~

우리 이러고 있지 말고, 대통령님을 한번 크게 불러봅시다.

그래요, 그래.

자... 하나, 두~울, 셋!

대통령님, 나와주세요!

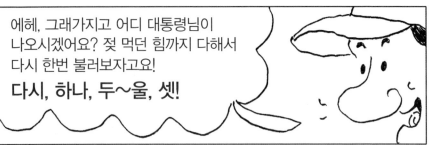

에헤, 그래가지고 어디 대통령님이 나오시겠어요? 젖 먹던 힘까지 다해서 다시 한번 불러보자고요!
다시, 하나, 두~울, 셋!

저기, 저기 대통령님이 나오신다~!

와~! 진짜 우리 대통령 님이다~

옆에 누가 또
계신데?

어?
유시민이다.

노무현~
노무현~
유시민~
유시민~

아아, 잘 들립니까.
잘 들립니까?

예~
잘 들립니다!!

꽃 피고 볼거리 많고,
좋은 데 많은데
왜 자꾸 여기로 오고
그러세요.

대통령님
만나러 왔지요.

마, 대통령님
보고 싶어
이 일 저 일 팽개치고
왔다 아잉교~

봉하마을이 우덜 고향이니께 왔지유~.

대통령님, 정말 보고 싶었습니다!

저도 여러분들이 참 보고 싶었습니다. 이렇게 오랫동안 기다리시게 해서 너무나 죄송합니다. 모두들 잘 지내셨지요?

대통령님 사랑합니다~

예전에도 그랬는데, 오늘도 이렇게 좁은 곳에 모시게 되어 죄송합니다. 그래도 전에 오셨을 때보다 봉하마을이 많이 좋아졌지요? 아름다워졌지요?

예, 몰라보게 좋아졌습니다!

자, 우리 여기서 이럴 게 아니라 요 옆에 제가 태어나고 자란 집으로 가보실까요?

와글와글

이렇게 많이 오셨으니, 제가 마루에 좀 올라가서 이야기해도 되지요?

예~ 암요!

아아, 음. 뒤에까지 짱짱 울리게 잘 들려야 할 텐데. 여러분 잘 들리십니까? 저어기 길가에 계신 분들도 잘 들립니까. 들리면 손 한번 들어보세요.

아, 거까지 소리가 갑니까? 예, 반갑습니다. 정말 고맙습니다.

여러분이 저희 마을에 찾아오시니 오늘이 잔칫날 같습니다. 오랫동안 뵙지 못했는데, 여전히 이렇게 저를 반겨 주시니 기분이 참 좋네요.

봉하마을 생가는 노 대통령이 1946년 9월 1일(음력 8월 6일)에 태어나 초등학교 2학년 때까지 살았던 집이다. 노 대통령은 봉하마을에서 총 3번의 이사를 다녔다. 생가 이후에 살았던 집들은 휴게소 분식집을 기점으로 크게 삼각형을 그리며 모여 있다.

휴게소 분식 왼쪽으로 난 골목길로 들어서서 바로 오른쪽에 있는 집이 두 번째로 살았던 집이다.

세 번째로 살았던 집은 좀 더 마을 안쪽에 위치해 있다. 아쉽게도 한동안 사람이 살지 않은 채 방치되었다가 지금은 공터가 되었다.

네 번째 집은 현재 마을회관 오른편에 있는 2층 양옥집이다. 신혼살림을 꾸린 뒤 두 자녀를 낳고, 들녘 너머 뱀산 중턱에 마옥당을 지어 고시 공부를 한 것도 이곳에 살 때의 일이다. 사법고시에 합격해 봉하마을을 떠날 때까지 이 집에서 살았다.

생가 복원이 본격 논의될 당시 노 대통령은 직접 회의에 참석해서 많은 아이디어를 공유했다. 그중 하나가 '생가도 집이어야 한다'는 것이다. 위인들의 생가는 마치 모델하우스처럼 전시를 위한 공간으로 설계되는 게 일반적이었다.

노 대통령은 생가를 최대한 원형에 가깝게 복원하되 방문한 사람들이 편히 쉬어갈 수 있는, 박제되지 않고 사람들의 삶의 향기를 그대로 간직한 '쉼터'가 되기를 바랐다.

제가 이 집에서 태어나서 초등학교 2학년 때까지 쭉 살다가, 논밭 천 평을 팔고 집을 줄여서 이사를 갔어요. 그 다음에 중학교 2학년 때 다시 또 줄여서 두 칸짜리로 갔습니다.

그러다 고시에 합격을 해서 저는 나가고, 어머니와 형님이 조금 더 사셨어요. 둘째 형님은 지금도 마을에 살고 계시고요.

제가 살았던 집 가운데 하나는 완전히 없어져 버렸고, 나머지 집들은 이제 다른 사람이 살고 있습니다.

생가를 복원할 당시에 제가 그랬어요. 생가에 들어가서 내 집처럼 살 수는 없겠지만, 머물 수는 있게 만들자고요.

특별한 여행을 하는 사람, 예를 들면 신혼부부가 봉하마을을 방문한다면 이 집을 열어주고 하룻밤 묵고 갈 수 있도록 하면 정말 좋지 않겠습니까?

일종의 게스트하우스처럼 운영하면 좋겠다는 거죠. 실제로 이런 이벤트가 열리면 좋겠죠?

대통령 할아버지. 그럼 오늘은 저희들이 이 집에서 자고 가면 안 될까요?

하하. 그러면 좋겠지만 지금은 너희들이 잘 만한 준비가 아직 덜 되었어요. 대신에 오늘은 저쪽 강금원 기념 연수원에서 묵는 게 어떠니?

저희들도 작년 가을에 거기서 하룻밤 묵었는데 정말 좋았습니다.

예, 맞습니다. 호텔과는 비교할 수 없지만, 먼 길 오시는 분들에게는 봉하의 자연과 정취를 그대로 느낄 수 있는 거의 유일한 잠자리가 바로 강금원 기념 봉하연수원이지요.

처음에는 저를 따라 봉하마을에 내려온 보좌진들이 공동체를 이루며 함께 살았으면 하는 마음이었는데, 봉하마을에 오시는 분들을 위해 2018년 5월에 개방을 했습니다. 더 잘 됐지요?

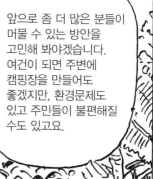

앞으로 좀 더 많은 분들이 머물 수 있는 방안을 고민해 봐야겠습니다. 여건이 되면 주변에 캠핑장을 만들어도 좋겠지만, 환경문제도 있고 주민들이 불편해질 수도 있고요.

아니에요. 이 정도면 충분합니다. 전에는 진영이나 김해, 창원까지 가야 겨우 잠잘 곳을 구할 수 있었는데요 뭘.

예, 그동안 봉하마을이 많이 변화되었습니다. 여러분께 했던 약속처럼 저기 봉하장터에 찻집도 하나 지었고, 국밥집, 분식집, 편의점도 생겼어요.

좀 전에 옆에 쉼터에서 저와 봉하마을 이야기가 영상으로 나오는 거 보셨지요?

봉하마을 이야기, 노무현 이야기 이런 것도 앞으로 더 많이 볼 수 있을 거고요, 제 생일 무렵에는 음악회도 하고 있어요. 음악회 이름 아세요?

봉하음악회요~!

예, 봉하음악회. 우리 서울서 온 꼬마 친구들이 아주 잘 알고 있네요.

봉하음악회가 올해로 벌써 10회째에요. 봉하마을이 제가 돌아왔을 때보다 훨씬 아름답고 생기 넘치는 곳이 되었습니다. 아직 많이 부족하지만, 차차 더 나아질 거라고 보고요.

와아~ 짝짝짝짝짝짝

그나저나 언제 소개해 주실 겁니까?

예? 무슨… 아하!

제가 큰 실수를 할 뻔했네요.

사실 저보다 더 인기가 많은 거 같은데요, 오늘은 여기 유시민 장관, 아니 요즘은 유시민 작가로 더 유명하시죠. 거 꿔다 놓은 보릿자루마냥 있지 말고 이리 와서 시민 여러분께 인사드리세요.

여러분, 서울서 온 '시민'이 봉하마을에 온 '시민' 여러분께 인사드린답니다.

유시민
유시민

안녕하십니까.
유시민입니다.

와~
유시민
유시민

해마다 빼먹지 않고 봉하마을에 오고 있지만, 오늘은 그 어느 때보다 기쁜 날입니다.
마치 2002년 2월 25일, 대통령님께서 귀향하실 때 함께 내려왔던 그날처럼요.

그때 제가 여기 유시민 씨를 뭐라고 소개했는지 기억나십니까?

그럼요.
어제 일처럼 생생하게 기억하지요.

당신이
자랑스럽습니다

오늘 우리 대통령님께서 오랜만에 방문객 여러분께 인사 나오셨는데, 저도 난데없이 따라 나오게 됐습니다.

대통령님께서 여러분께 감사의 말씀을 여러 차례 하셨는데 저도 똑같은 마음으로 감사를 드립니다.

특히 대통령님이 안 계셨던 지난 10년간, 저를 비롯한 여러 사람에게 힘을 주신 깨어있는 시민 여러분께 진심으로 다시 한 번 감사드립니다.

앞으로도 국민 모두가 행복한 나라, 사람 사는 세상 만드는 일에 더욱 노력하겠다는 다짐을 노무현 대통령님과 여러분들께 드리고 싶습니다. 모두 건강하시고 행복하십시오. 감사합니다!

와~
짝짝짝짝짝짝
유시민 유시민
노무현 노무현

예나 지금이나 우리 유시민 씨는 참 믿음직합니다. 팬클럽 '시민광장'이 우리 '노사모' 만큼이나 깨어있는 시민으로서의 역할을 잘해 주셨는데요, 이제 유시민 씨가 노무현재단 이사장이 되셨으니 여러분들도 열심히 도와주실 거지요?

예~그렇고 말고요!

모처럼 노무현 대통령님이 오셨으니, 저도 전에 못한 고백을 좀 해보려고 하는데, 괜찮으시겠습니까?

고백해~ 고백해~ 고백해~

노무현 대통령님은 참 사랑스러운 분이시고, 항상 뭔가를 해주고 싶은 분이세요.

제가 예전에
대통령님 선거 캠프에 있을 때
이런 말을 한 적이 있습니다.

"후보님, 제가 왜 여기서 일을 합니까.
저도 어떤 점에서 후보님보다 나아요.
대학도 좋은 데 나오고, 학생운동도 하고,
글도 잘 쓰고요. 근데 제가 왜 여기서
후보님 선거운동을 하고 있겠어요.
후보님은 저한테 없는 걸 가지고 계시잖아요.
후보님만큼 사람을 끌어당기는 사람이 없어요."
예, 그래요. 대통령님은 지금도 그렇습니다.
노무현 대통령님만큼 사람을
끌어당기는 사람이 없어요.
사랑합니다.

노무헌 노무헌
유시민 유시민

그때 우리
이런 말씀도 나눴어요.
기억하십니까?

2002년 여름.
노무현 대선 후보는 유시민에게 불쑥 이렇게 물었다.

노무현의 시대가
올까요?

아, 오지요,
100% 오죠,
반드시 올 수밖에
없죠.

근데…
그런 시대가 오면,
거기에 나는 없을 거
같아요.

아니 뭐 그럴 수는 있죠, 후보님은
첫 물결이세요. 새로운 조류가
밀려오는데 그 첫 파도에 올라타신
분이요. 그런데 이 첫 파도가 가려고
하는 곳까지 바로 갈 수도 있지만,
이 첫 파도가 못 가면 그 다음 파도가,
그것도 안 되면 또 다음 파도가
끝내는 목적한 곳에 닿지
않겠습니까.

후보님은 새로운 시대정신과
새로운 변화, 새로운 문화를 이끌고
계시기 때문에 첫 파도 머리와 같은
분이세요. 그래요, 가고 싶은 데까지
못 가실 수도 있죠. 그렇지만 언젠가는
사람들이 거기까지 갈 거예요.
그렇게 되기만 하면야 후보님이 거기
계시든 안 계시든 뭐 상관있나요?

하긴 그래요.
그런 세상이 오기만 하면 되지.
뭐 내가 꼭 거기 있어야 되는 건
아니니까.

대통령님. 늘 저희들 곁에
함께해 주셔서 고맙습니다.
이제 그 파도가 저희들이 원하는
세상 바로 앞에까지 왔습니다.

아, 여러분.
이렇게 좋은 날
이렇게 좋은 분들과
함께하니 가슴이
너무나 벅찹니다.

대통령님,
오랜만에 나오셨는데
노래 한 곡
하입시더.

18번
불러주세요.

여러분. 음,
18번 말구요….

비에 젖네 비에 젖네~
전라도 길 일천리가
비에 젖네 비에 젖네~

김제 만경 넓은 벌에 점찍은 듯 돌아앉은~♪
아주까리 그 주막이 비에 젖네 비에 젖네~♬

_박재홍 '비에 젖은 주막'

앵콜 앵콜
앵콜

제가요,
노래를 더 하면
앞으로 오시는 분들마다
계속 부르라고 하실 거거든요.
요끼지만 할게요.
그런데 아무도 모르는 노래를
하니까 재미없지요?
비가 오려고 하니까 이 노래가
생각나서요.

대통령님, 사랑합니다!

취임 전부터 퇴임할 때까지 저를 아끼시는 분들이 이런 말을 많이 하셨어요. 성공한 대통령이 되라고요. 그런데 성공한 대통령은커녕 취임하자마자 5년 내내 구박을 많이 받았어요. 절반 넘으니까 그때부터 저를 좋아하시는 분들이 귀에다가 살짝 대고 이러시는 거예요.

"역사는, 역사는 알아줄 겁니다!"

짝짝짝짝짝짝

여기 유시민 씨도 그렇고, 문재인 대통령님도 어려운 시대를 딛고 아주 열심히 하고 계신데요, 응원 주시는 분들도 많지만 짜다라 성에 안 찬다고 맨날 비판하는 사람들도 있어요. 하지만 저는 이 모든 걸 분명히 역사가 알아줄 거라고 생각합니다.

옳습니다!!

그렇습니다. 여기 봉하마을도
우리가 사는 대한민국도
마찬가지입니다. 정의로운
사회도 좋고, 넉넉한 사회도 좋고,
따뜻한 사회도 좋고, 우리 그것을
위해 많은 노력을 해왔습니다.

아름다운 사회, 아름다운 세상,
깨끗하고 아름다운 세상은
대통령 한 사람의 힘으로는 안 돼요.
정부의 힘만으로는 이룰 수 없습니다.
시민이 더럽히지 않아야 하고,
시민이 치워야 하고 시민이
가꾸지 않으면 자연도 이 세상도
아름답게 가꿀 수가 없습니다.

여기 봉하들판이 옛날에는
철새들이 새까맣게 날아오던 곳이었거든요.
화포천도 그래요. 제가 귀향했을 때만 해도
너무나 오래 방치가 되어있고,
아무도 신경을 쓰지 않아서 많이 훼손되어
있었습니다. 그런데 지금 보세요.
지난 10년, 많은 분들이 피와 땀으로
봉하마을, 봉화산, 화포천… 이 주변을
아름답고 깨끗하게 가꿔온 덕분에
이렇게 좋아지지 않았습니까.

그동안
애쓰신 분들에게
크게 박수 한 번
보내주세요.

예나 지금이나 우리 노무현 대통령님 인기는 여전하네요. 여러분, 좋으시죠?

그럼요. 서울에 계실 적에도 못 뵀고, 봉하마을에 여러 번 왔었는데 자꾸 어긋났어요. 오늘 처음 뵙니다. 너무 반갑습니다.

어이구, 참말로.

여 할머니 손 좀 한번 잡아주십시오. 서울에서 오셨다 카는데….

할머니, 먼 길 오느라 힘드셨지요. 고맙습니다.

저도 악수 좀….

예, 악수를 시작해놓으면 끝이 없어요. 그래도 오늘은 실컷 해볼랍니다.

저 그 때 취임식 날, 여기 왔다 갔어요.

고맙습니다. 예, 어디서 오셨어요?

부산에서 왔습니다~

아니, 영부인께선 어디 가셨어요?

예? 옛날에는 영부인을 인물 보고 뽑았대요.

아, 오늘 같이 왔으면 했는데 집에 손님이 오셨어요. 아주 귀한 손님이요. 우리 집에는 가끔 예고 없이 깜짝손님들이 오시거든요.

히히, 우리는 그 손님이 누군지 아는데… 크크크.

쉿, 비밀 지켜야 해!

우리 동네는 방문객들이 봉하 주민들보다 더 많아요.

봉하마을에는 주민들이 얼마나 살고 계신가요?

진영 인구는 5만 명이 넘었습니다만 봉하마을은 40여 가구에 대략 120명 정도의 주민들이 살고 계세요.

예전과 비슷하군요. 그나저나 아이들, 젊은 친구들이 없어서 걱정입니다. 농촌인구 연령이 갈수록 높아지고 있는데요, 농자천하지대본이라고 하지 않습니까. 여러분들, 도시에만 몰려 살지 말고 고향으로, 농촌으로 가서 전국이 골고루 잘사는 나라 만들어주셔야 합니다.

너희들도 봉하마을 자주 놀러 와야 한다. 공부도 열심히 하고!

네~

할아버지도 옛날에 공부 열심히 했어요?

할아버지가 저기 진영에 있는 대창초등학교, 우리 때는 국민학교라고 그랬는데, 거기 대창국민학교를 졸업했어요.

내가 35회 졸업생인데요, 대강 따지면 60년 전쯤에 졸업을 한 셈입니다. 너희들도 60년쯤 지나면 이제 이 할아버지 나이쯤 되겠다. 그죠?

으악, 그럼 저도 할아버지가 되는 거네요. 누나들은 할머니! 크크.

야~

할아버지는 학교 다닐 때 어떠셨어요?

저요, 초등학교 때 열심히 겨뤘는데 항상 꼴찌 아니면 꼴찌 앞장을 했어요. 대창국민학교 졸업하고 나서 중학교를 부산이랑 마산으로 가면 아주 성공한 경우고 못 가는 사람은 영 섭섭했어요. 우리 다닐 땐 그랬습니다.

그런데 저는 늘 성공하지는 못했어요. 그러니까 보기에 따라서, 겨루기에서 매번 실패를 했다고 볼 수도 있지요? 그랬는데, 그래도 고등학교를 잘 나왔어요. 부산상고, 지금은 개성고등학교로 이름이 바뀌었어요.

제가 일곱 번 선거를 해서 네 번을 졌거든요? 그런데 대통령도 했어요. 그래서 곰곰이 생각해보니까 인생은 겨루기지만 항상 이기는 것만 좋은 것이 아닌 것 같아요. 진 사람도 다시 이길 수 있는 기회가 있는 사회가 좋은 사회라고 생각합니다. 한 번 진 적이 있어도 다음 겨루기에서는 이길 수 있는 사람, 그런 사람이 훌륭한 사람 아니겠어요?

오늘 이기는 사람도 다음에는 질 수 있기 때문에, 항상 겸손하고 또 친구를 격려할 줄 알아야 해요. 오늘 진 사람은 다음 또 이길 기회가 있기 때문에 이긴 친구들을 축하하고, 또 앞으로 더 열심히 연습해서 이기면 되니까요. 그렇죠?

대통령님은 모범생이었는갑네요?

제가 초등학교 들어가기 전엔 별명이 천재였거든요? 근데 학교에 가보니까 내가 항상 1등하는 것도 아니고, 항상 백 점 맞는 것도 아니더라고요. 어떤 때는 90점 받고, 어떤 때는 88점도 받고 이랬죠.

내가 공부는 그래도 좀 하는 편인데 등치가 작아서, 하급생한테 한번 얻어맞기도 하고 그랬어요. 공을 잘 못 찼고요. 달리기는 항상 4등을 해요. 3등까지 공책을 주는데, 죽어라고 뛰어도 4등이었어요.

학교생활도 꼭 모범생은 아니었습니다. 음, 결석을 많이 했어요.

몸이 아파서 결석할 때도 있고, 또 학교에 오다가 중간에 슬쩍 빼먹는 거 있지요? 뭐라고 하지요?

땡땡이요!

땡땡이?

아 우리 때는 중간치기라고 그랬어요. 노떼기라고도 했고요.

그래요. 제가 노떼기도 했지요. 그래도 착한 편에 속했어요. 선생님이 하라고 한 일은 반드시 꼭 하고, 학교에서 배운 것은 집에 가서 반드시 다시 공부하고요. 대강 그럼 짐작이 갑니까?

아주 모범생은 아니셨네요. 히히.

내가 대통령이 된 것은 초등학교 때부터 남달라서 그런 건 아니에요. 남들과 똑같았어요. 고등학교 졸업하고, 군에 갔다 오고 뒤늦게 열심히 했어요.

고등학교 2학년 때 공부를 잘 못해가지고 480명 중에 한 200등 했거든요? 졸업할 때에는 480명 중에 한 70등 했어요. 그랬는데, 그 뒤에 공부를 열심히 해서 똑똑한 사람이 된 거지요.

그렇다고 여러분이 또 "고등학교 졸업하고부터 나도 공부할란다" 하고 땡땡이치지 마세요. 지금부터 열심히 하세요.

언제부터 대통령이 되기로 마음먹으셨나요?

내가 마흔 두 살에 국회의원에 당선됐는데, 그때 1988년이었어요. 우리 나이로 마흔세 살이었네요.

4년 뒤 국회의원 선거에서는 똑 떨어졌어요. 그러다가 이듬해, 그러니까 1993년에 민주당 최연소 최고위원이 되었죠.

국회의원 한 번밖에 못하고 또 떨어진 사람이 최고위원이 되는 것은 참 드문 일이었는데, 그때 '대통령이 되어 보겠다'는 생각을 조금 가졌던 것 같습니다. 실제로 제가 대통령에 당선된 것은 2002년, 쉰일곱 되었을 때에요.

그런데, 니도 대통령 되고 싶나?

아니요, 그건 아니고요.

그래, 그럼 그 옆에 희찬이.

똑똑하게 생기고, 눈빛이 초롱초롱한데 왜 질문이 없어요. 그러면 할아버지가 섭섭하잖아.

그럼 할아버지가 질문 하나 하마. 괜찮지? 여러분은 착한 사람이 되고 싶어요? 큰사람이 되고 싶어요?

큰사람, 착한사람.

그래. 옳지! 이기고 지는 것에 집착하지 말고. 첫째로 최선을 다하고, 둘째로 정정당당하게 규칙을 지켜서 열심히 겨루거라.

네~

짝짝짝짝짝짝짝

또 있어. 튼튼하게, 밥 잘 먹고! 그치요! 열심히 놀고, 놀이도 열심히 하고, 잉? 그리고 나중에 엄마 아빠한테 마옥당 하나 지어달라고 해서 공부도 열심히 하거라.

마옥당이 뭐에요?

응. 할아버지가 젊었을 때 쓰던 비밀 아지트예요. 저기 뱀산 너머에 지그재그로 길이 난 게 보이지? 저 중턱에 내가 공부하던 마옥당이 있었단다.

거기에 지금은 단감 과수원도 생겼습니다. 단감 수확 체험도 했는데 아이들이 참 좋아해요~

그래요. 2015년에 재단 후원회원들이 감나무 밭을 저희에게 기부를 했어요. 참 고마운 일이죠. 2016년부터 단감 농사를 짓고 있는데 아직은 초보라서 그런지 수확이 썩 많지는 않은가 봅니다.

단감 체험 말고도 봉하마을은 아이들과 가족들을 대상으로 연중 다양한 체험을 하고 있습니다. 1년 내내 어느 때고 와도 좋지요.

요새는 소나무가 흔한데 내가 자랄 때만 해도 봉하마을에는 나무가 그렇게 많지 않았어요.

작은 형님하고 둘이 다니면서 나무를 베서 서까래를 얹고, 거기서 공부를 했지요.

집에서 10분 정도 걸리는 거리였는데요. 공부는 집중이 잘 되는 곳에서 출퇴근하듯이 규칙적으로 하는 게 좋다고 생각했지요.

마옥당을 한참 짓고 있을 때 아버지가 보시고는 고개를
끄덕이고 말없이 가시더라고요. 연세가 많아서 이제
뭐 해주시지 못하니까. 다 지어놓고 나니 저를 불러서
"니 그 집 이름을 마옥당(磨玉堂)이라고 해라"
하시더군요.

'옥을 연마하는 곳'이란 뜻이지요.
처음에는 '아버지 눈에 내가 옥으로
보여 그렇게 이름을 지었나?' 싶은
마음에 부끄러워 남한테 말을 못했는데.
나중에 생각해 보니 모든 부모님 눈에
자식은 다 옥이 아니겠냐는 생각이
들었어요. 제게는 너무나 고맙고
자랑스러운 곳입니다. 추억도 많고요.

당시에 제가 신혼이었는데요, 마옥당에서
공부를 하고 있으면 아내가 점심, 저녁 도시락을
싸다 주었지요.

함께 식사도 하고 저녁노을이 질 때 논길을
걸으며 데이트도 했어요. 제 젊은 시절의
열정과 행복이 묻어있는 장입니다.

대통령님. 재단에서 마옥당
복원 준비를 하고 있습니다.
지금 설계 단계입니다.
마옥당이 복원되면 대통령님과
여사님께서 함께 산책하던 길도
정비하려고 합니다.
기대해주십시오.

오랜만에 말을 많이 했더니 목이 컬컬하네. 이쯤에서 마무리 해야겠습니다.

좀만 더 있다가 가세요.

형편이 뭐 맨날 이렇습니다. 앞으로 자주자주 오시면 되지요.

저희들 얼굴 보니께 좋지요?

예. 좋습니다.

근데 예. 머리 염색은 좀 하시이소.

하하핫

여러분 참 반가웠습니다.

대통령님, 건강하십시오! 유시민 이사장님, 자주 봐요.

짝짝짝짝짝

여차하면 우리 마을로 이사 오세요.

다음엔 아들딸이랑 손주들도 좀 보여주이소. 권양숙 여사님도요!

네, 하하하!
안녕히 가십시오.

미안합니다~
고맙습니다!

대통령님,
오랜만에 나오셨는데
우리 방문객들하고
단체사진 한 장 찍는 게
어떻겠습니까?

문고리님.
그거 참 좋은 생각입니다.
다들 이리 모이세요.

자, 대통령님
촬영하겠습니다.
구호라도 외칠까요.

예, 좋습니다.
제가 가장 좋아하는 말로
하겠습니다. 제가 '사람 사는
세상을' 하면, 여러분이
'위하여' 해 주십쇼.
아 그리고 요즘 유행하는 거.
손 하트도 빼먹지 마시고요.

대통령님,
촬영하겠습니다.

사람 사는 세상을!

위하여!

찰칵

노무현 대통령의 봉하마을 방문객 인사는 공식집계 2008년 3월 1일부터 그해 12월 5일까지 총 153일 369회가 이뤄졌다.

방문객이 많을 때는 하루에 11번이나 인사를 나갔다. 노 대통령은 멀리서 찾아온 방문객들에게 늘 고마워했고, 오히려 대접이 소홀하다며 미안한 마음으로 항상 성심을 다해 임했다.

2008년 2월 25일 노무현 대통령 귀향한 첫 해,
봉하마을에는 약 85만 명의 방문객이 다녀갔다.

2008년부터 2018년까지 11년간 봉하마을을 다녀간 사람들은
총 9,735,609명이다. 한 해 평균 88만 명이 넘는 사람들이
노무현의 삶과 꿈을 좇아 봉하마을을 다녀갔다.

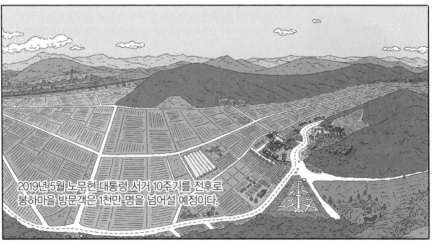

2019년 5월 노무현 대통령 서거 10주기를 전후로
봉하마을 방문객은 1천만 명을 넘어설 예정이다.

2부

2장

바보 농부, 바보 노무현

"자연 생태계가 복원된 농촌에 아이들이 찾아와 할아버지 할머니와 지내다
가는 날을 꿈꾸었습니다. 물이 있는 곳에 풀이 자라고, 새들은 벌레들을 찾아
부지런히 날갯짓과 자맥질을 합니다. 새의 분비물은 그 자체로 천연비료가
됩니다. 자연의 순환에 힘을 쓰면 화학비료를 쓰지 않아도 됩니다. 논습지는
평생을 두고 연구할 가치가 있는 프로젝트입니다."

– 노무현 대통령 자서전 〈운명이다〉, 315쪽

윤서 누나, 벼는 정말 빨리 자라나 봐.

그러게 말이야. 이미 유찬이만 한걸.

우아~ 언니, 여기 좀 봐봐! 벼에 작은 포도송이 같은 열매가 열렸어. 색깔도 참 예뻐. 진분홍색이야!

하하! 우렁이 알이구나.

진짜? 이게 우렁이 알이라고요?

여기 논바닥을 잘 봐, 우렁이들이 기어 다니고 있는 게 보이지? 왕우렁이는 한 번에 1,000개에서 1,200개의 알을 낳는단다. 반면에 토종 우렁이는 알 대신 새끼를 낳지.

알을 굉장히 많이 낳네요.

친환경 농사는
어떻게 짓지요?

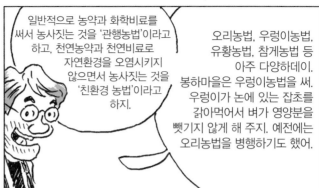

일반적으로 농약과 화학비료를
써서 농사짓는 것을 '관행농법'이라고
하고, 천연농약과 천연비료로
자연환경을 오염시키지
않으면서 농사짓는 것을
'친환경 농법'이라고
하지.

오리농법, 우렁이농법,
유황농법, 참게농법 등
아주 다양하데이.
봉하마을은 우렁이농법을 써.
우렁이가 논에 있는 잡초를
갉아먹어서 벼가 영양분을
뺏기지 않게 해 주지. 예전에는
오리농법을 병행하기도 했어.

아빠는 술안주로 우렁이를
좋아하시는 것 같던데요?

맞네. 느그 아빠 같은
애주가는 그럴 만도 하다.
그런데 봉하 논에 있는
우렁이는 식용으로 잘 쓰지
않아. 너희들, 오랜만에
왔으니 방앗간에
인사드리러 가야지?

네~!

봉하장날

방앗간

243

어머, 너희들 또 보네.
문고리 삼촌하고 잘 놀았어?

네~ 방앗간
삼촌이랑 이모들한테
인사하러 왔어요.

얘들아 정말
오랜만이다.
잘들 지냈지?

아이고야,
유찬이 예쁜 것 봐.
우리 예준이 데려왔으면
둘이 잘 놀 텐데.

하늘처럼 본명 임정숙
봉하마을에 크고 작은 일이 있을 때마다
서울에서 내려와 자원봉사를 하다
2015년 8월부터 아예 봉하에 정착해
방앗간 직원으로 일하고 있다.
자원봉사자 '의령'님과 결혼해 아들
예준이를 낳았다.

여기 경호, 윤봉 삼촌하고
희수, 미숙, 은정, 수경,
기해 이모한테도
인사해야지?

어이, 서울내기들.
잘 있었나.
하나, 둘, 셋, 넷, 다섯.
아이고야,
억쑤로 많네.

오늘 무슨
날이에요?
사무실에 다들
모여 계시네요.

응, 손님 아닌 손님이 오셨거든. 새로 오신 방앗간 대표님한테도 인사해야지.
아, 요 녀석들이 진광씨 아들딸들이구만. 어서들 오거라. 느그들 오늘 아주 날을 잘 잡았다. 마침 김 의원도 와 있는데.
안녕하세요!
꾸벅
김주성
영농법인 (주)봉하마을 신임 대표
김 의원이요? 김 의원이 누구시지?
얘들아~
앗, 정호 삼촌이다.
희찬아, 이제는 정호 삼촌이 아니라 김정호 국회의원님이야.
하하, 새삼스럽게 국회의원님은 무슨. 여기서는 그냥 예전처럼 농군정호 삼촌으로 불러주련.
봉하마을에는 어쩐 일로 오셨어요?
문고리 삼촌이 너희들 왔다고 전화했더라. 마침 김해에 내려와 있던 터라 단숨에 달려왔지.

정말요?

문고리 삼촌,
우리 사진 찍어주세요~!

요것들 봐라. 내가 느그들
전속 사진기사냐?

찰칵 찰칵 찰칵 찰칵

김정호는 1984년 11월 부산대 재학 중
민주화운동을 하다 구속되었다.
당시 인권 변호사로 활동하던
노무현·문재인 변호사가 그의 변론을
맡으면서 두 사람과 인연을 맺었다.

이후 부산과 경남지역을 중심으로
재야운동, 시민사회단체 활동을 했고,
2003년부터는 노무현 대통령 총무비서관실
인사담당 행정관, 대통령기록관리 비서관
등으로 일하면서 노 대통령을 보좌했다.

김정호의 삶에서 가장 큰 변화는 청와대 생활을 마치고 노 대통령과 함께 봉하마을로 내려와 만 10년을 꼬박 친환경 농사를 지으며 산 것이다. 그는 주경야독으로 농사를 지으며 봉하마을을 친환경 생태농업의 선진지로 성장시켰다.

그리고 2018년 6월 노무현 대통령의 못다 이룬 꿈을 이루기 위해 6.13 국회의원 보궐선거에서 경상남도 김해시을 국회의원 후보로 출마해 당선되었다. 사람들은 아직도 그의 여러 가지 삶에서 '농부'가 가장 잘 어울린다고들 말한다.

자, 보자, 요녀석들. 봉하마을에서 만난 건 참 오랜만이지? 구경들 많이 했어?

네~

오랜만에 봉하에 왔더니 마을이 그사이 많이 변했어요.

그렇지? 나도 요즘은 자주 못 왔더니 볼 때마다 달라져 있네. 오늘 바람도 좋은데 삼촌하고 방앗간하고 봉하들판 구경 갈까?

네~

너희들 방앗간 원래 이름이 뭔지 아니? 정식 이름, 그러니까 본명 말이야.

친환경 쌀방앗간 이요.

틀린 말은 아니지만 정식 명칭은 '농업회사법인 (주)봉하마을'이란다. 사람들이 부르기 어려우니 '영농법인 봉하마을' 혹은 '봉하 방앗간'이라고 불러. 봉하 친환경 생태농업의 심장부라고 할 수 있지. 처음 생긴 것은 2008년 10월인데, 누가 만들었을까 아는 사람?

농업회사법인 (주)봉하마을

방앗간은 방앗간 주인이 만들지 않았을까요?

하하. 말 된다. 어려운 말로 '설립발기인'이라고 하는데, 노무현 대통령님하고 이호철 전 민정수석, 문용욱 전 비서실장, 마을 출신의 이성호 씨, 그리고 나까지 총 5명이 원년 멤버들이야. 자본금 1억 원으로 시작했단다.

방앗간이면 원래 떡 만들고 고추 빻고 그러는 데 아니에요?

맞아. 여기서도 떡도 만들고, 고추장, 된장도 만든단다. 하지만 일반적인 방앗간보다 훨씬 크고 많은 일을 하지. 봉하 친환경 생태농업을 총괄하니까. 농사의 하나부터 열까지 모두 챙기는 곳이야.

봉하 방앗간은 노무현 대통령님의 유지로 아름답고 잘사는 농촌을 위해 만들어졌어. 주민들의 소득도 높이고 환경과 주변 경관도 살리는 '사회적기업'의 성격을 띠고 있단다. 농업인이 주도하는 마을주민공동운영 법인이지.

사회적기업이 뭐에요?

쉽게 말하면, 일반적인 기업이 기본적으로 이윤 창출이 목적이라면, 사회적기업은 공동체에 속한 사람들의 안정된 생활과 복지 등에 중점을 둔단다. 노무현 대통령님이 말씀하신 '사람사는세상'에 어울리는 기업이라고 생각하면 쉬울 거 같네. 봉하 방앗간이야말로 노무현 대통령님이 만드신 '사회적기업 1호'라고 할 수 있단다.

너희들 집에서는 무슨 쌀로 밥 해 먹지? 봉하쌀 먹지 않니?

우리 집은 아빠 때문에 전부터 봉하쌀만 먹어요. 다른 건 아껴도 쌀은 우리 쌀, 친환경 쌀 먹어야 한대요. 그런데 봉하쌀은 일반 쌀보다 좀 비싼 거 같아요.

아냐, 아빠가 그러시는데 한 달에 커피 사 먹는 거 몇 잔만 줄이면 친환경 쌀로 업그레이드해서 먹는 데 아무 부담이 없다.

야, 느그 아빠는 커피 대신 술 마시는 거 줄이면 평생 친환경 쌀 사 먹는 데 지장 없을 거다.

하하, 그만큼 애정과 자부심이 많다는 거겠지.

여기는 친환경 쌀 농사를 얼마나 지어요?

봉하마을은 2008년 노 대통령님이 귀향한 뒤 처음으로 친환경 생태농사를 짓기 시작했어. 그 전까지는 여기도 주로 관행농업을 했지. 귀향 첫해는 50개 농가가 참여해 오리농법으로 2만4,000평 논에 농사를 지었고, 이듬해 2009년부터는 규모가 열배로 늘었지.

2010년에는 30만평, 2013년에는 자그마치 45만평 논에 181개 농가가 참여했단다. 봉하쌀에 대한 신뢰도가 그만큼 커졌기 때문이야. 해마다 규모가 점점 커지다가 최근에는 30만평 전후로 안착되었단다.

늘어나는 봉하쌀 소비에 비해 생산력이 부족했기 때문에 2017년부터는 봉하마을 이외의 경남지역 친환경 쌀을 수매해 '여민동락'이라는 자매 브랜드를 만들어 함께 팔고 있단다. 소비자는 맛 좋고 건강에 좋은 쌀을 믿고 살 수 있고, 경남지역 재배 농가들은 판로를 넓힐 수 있어 일석이조란다.

아, 그럼 이 안에서 직접 쌀을 만드는 거예요?

그렇지. 농민들이 수확해온 쌀은 건조하고 알맞게 수분을 유지해 저온에 저장했다가 필요할 때 도정을 해서 팔아. 나락의 껍질을 기계로 정밀하게 갈아 쌀로 만드는 작업을 '도정'이라고 한단다.

봉하쌀에 대통령 할아버지 얼굴이 그려져 있는 게 참 좋은 거 같아요. 오리도 있고.

노무현 대통령은 친환경 벼농사를 시작했을 때부터 '봉하쌀'이라는 독자적인 브랜드로 신뢰할 수 있는 쌀을 생산하기를 바라셨단다. 그래서 당신의 얼굴을 넣자고 하신거지.

제 생각에도 대통령 캐릭터를 넣은 것은 탁월한 선택이었던 것 같아요. 캐릭터도 친근감 있고요. 농부들은 자기가 생산하는 쌀에 대한 책임감을 더 갖고 일하게 되고, 또 소비자에게는 안심하고 먹을 수 있다는 신뢰를 심어주니까요.

2008년 첫 번째 친환경 봉하쌀이 나올 무렵, 노 대통령은 봉하오리쌀 출시를 사전에 알리고 회원들의 관심과 참여를 유도하자는 취지에서 봉하쌀 포장디자인을 공모했다.

봉하오리쌀 포장디자인공모!

공모 분야는 봉하쌀 이름, 서체, 포장디자인 등 영역별로 나눴다. 당선작에는 봉하쌀 한 가마씩을 상품으로 내걸었다. 디자인 심사위원회도 구성했다. 디자인 전문가와 마을이장, 작목반장, 부녀회장을 포함시키고 위원장은 대통령이 직접 맡았다.

포장디자인 심사 과정에서 찬반 논란이 있었어. 포장에 들어가는 대통령 캐릭터 때문에 의견이 엇갈린 거지. 반대하는 심사위원들은 대통령 사진이나 캐릭터를 상업적으로 이용하면 대통령의 이미지가 훼손될 수 있다고 염려했어.

반면에 마을 주민 대표들은 입장이 달랐단다. 사진이든 캐릭터든 대통령 얼굴이 들어가야 친환경 봉하오리쌀이 유명해지고 더 잘 팔릴 것이라는 거지.

전체적으로는 반대의견에 가까운 신중론이 조금 더 많았단다. 모두가 대통령의 얼굴만 쳐다보고 있었는데, 하지만 결국 대통령은 마을 주민들 편이었단다.

"그래, 아무리 친환경 농사를 잘 지으면 뭐하노? 잘 팔아야제. 팔리기만 한다믄 내 얼굴도 팔아라. 정호 씨, 대신 조건이 있다. 내 얼굴과 이름을 걸고 파는 것은 좋아. 그러나 친환경 봉하쌀의 신뢰를 반드시 지켜라. 신뢰를 지킬 자신이 없다면 하지 마라. 반칙하지 못하게 현장에서부터 모든 과정을 철저히 관리해라."

그럼 봉하 방앗간 건물도 그때 지은 건가요?

노무현 대통령님이 떠나신 가을, 10월 31일에 완성되었단다.

지금은 돌아오셨잖아요.

그래, 우리들 마음에 늘 함께 계시지.

그게 아니고….

그해 가을, 마을 주민 일부가 방앗간의 새 주주로 참여하고
기존 주주인 당시 비서진들이 증자한 출자금으로 정미소 부지를
추가로 확보해 방앗간을 짓는 첫 삽을 뜨게 되었단다.
전체 1,250여 평 부지에 건물평수 240평이었어.
처음 방앗간을 지을 때만 해도 제 때에 만들 거라고 생각하는 사람은
별로 없었단다.

뚝딱 뚝딱

대통령도 안 계신데다
농사일도 잘 모르는
초보들이 과연
방앗간을 운영할 수
있겠나?

1개월 짧은
공사기간으로 수확기까지
방앗간을 완성할 수 있나
몰라. 저러다 말거
아이가?"

대통령 장례를 마치자마자
슬퍼할 겨를도 없이 농사를
다시 시작했어. 새로운
자연농업 방식으로 모를
심고 오리와 우렁이를 넣고,
피사리하고 병충해
방제까지 하느라 정신이
없었지.

그 와중에 밤늦게까지 방앗간 설계를
검토하고 짬짬이 RPC 견학을 다녔어.
지금 생각해도 정말 아찔한
일정들이었지.

그러나 그해 가을 우리는
해냈어. 10월 31일
마침내 방앗간이 첫 가동을
시작했어.

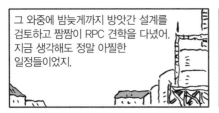

위잉~~

짝짝짝짝짝짝

역시 삼촌은 소문대로
뚝심 하나는
베테랑이세요. 그런데
다른 방앗간하고 조금
다른 것 같아요.
창문도 많고.

그래, 제대로 봤네. 대통령님
말씀대로 소비자가 작업 과정을
살펴볼 수 있는 체험형 방앗간,
안이 환하게 들여다보이는 '누드
방앗간'으로 만들었기 때문이야.
저 위를 보렴. 방앗간 교육장에서
보면 방앗간 안이 훤히
내려다보여.

삼촌,
근데 그 말이
사실이에요?

뭐가?
무슨 말?

아까 방앗간 삼촌 이모들한테 들었는데요, 정호 삼촌이 봉하마을에 처음 왔을 때만 해도 '농사'의 '농'자도 몰랐다고 그러시던 걸요.

사실이란다. 삼촌은 봉하마을에 오기 전에는 농사를 지어본 적이 없어. 그나마 경험이 있다면 대학 때 선배들 따라 농촌봉사활동을 갔던 게 전부였지. 그때도 실은 거머리가 무서워 논에 들어가지도 못했단다.

저희도 봉하마을에 처음 왔을 때는 삼촌하고 똑같았어요.

맞아요. 저희도 처음엔 논에 잘 들어가지 못했는데, 자주 오니까 이제는 논이 참 친근해요. 논생물 체험도 하고, 가을에는 메뚜기를 잡아 튀겨 먹기도 했어요. 맛있던데요?

그런데 삼촌은 그렇게 무섭고 하기 싫은 농사를 왜 시작했어요?

음, 그 이야기는 우리 직접 봉하들판으로 나가서 본격적으로 해볼까?

"우리 농민에게 차별적 농법을 제시하고자 합니다. (쌀 시장이 개방되는) 2014년 이후가 되면 무슨 재주가 있겠습니까. 미국 쌀과 한국 쌀의 차별성을 무엇으로 만들 것이냐. 지금 방식으론 대책 없는 것 아니냐. 쌀값을 더 받느냐, 안 받느냐의 문제가 아니고 더 이상 우리 쌀을 팔 데가 없어집니다. 우리 쌀을 살 이유를 만들어야 하지 않겠느냐는 것입니다."

– 2008년 10월 대통령 방문객 인사말 중에서

노무현 대통령 재임기간 중에 농정에 대해서 몇 가지 방향을 정한 게 있단다. 첫째는 친환경으로 가야 한다는 것이었어.

농산물시장 수입개방은 피할 수 없는 흐름이었기에 대안이 꼭 필요했지. 농민을 희생시킬 수는 없다고 생각하셨던 거야. 그래서 수입농산물과 차별성을 갖고 승부할 수 있는 친환경 농업의 확대 강화를 고민하셨어.

두 번째는 고품질 가공으로 상품의 확장성을 높이는 것, 마지막이 '브랜드'를 만들어 육성하는 거야. 아까 말한 것처럼 봉하쌀에 노무현 대통령 캐릭터를 넣은 것도 같은 이치지.

아, 그럼 봉하마을에 돌아오기 훨씬 전부터 친환경 농사에 관심을 많이 갖고 계셨던 거네요?

그렇지. 우리나라 친환경 농업의 토대가 그리 튼튼하지 않기 때문에 직접 모범 사례를 만들고 싶어하셨단다. 사실 귀향하신 첫해부터 친환경 농사를 당장 지으려고 한 건 아니었어. 준비가 덜 되었거든. 그때 대통령께서 그러셨단다.

"봄을 그냥 보내면 1년을 그냥 보내게 될 것 같다. 생태마을 만들기는 결국 친환경 농업이 핵심이 될 수밖에 없다. 친환경 농사가 빠진 생태마을은 '앙꼬 없는 찐빵'이다. 어차피 언젠가는 시작해야 한다. 그렇다면 바로 지금이 아닐까?"

그런데 막상 친환경 농사를 시작하려니 나서는 사람이 없었어. 청와대에서 함께 내려온 비서관들은 농사 경험이 전혀 없었고, 마을 주민들은 괜히 일이 커지고 힘이 들까 봐 반대했단다. 마침 조류독감에 대한 우려도 많았으니 오리농법에 결사반대를 외치는 사람도 적지 않았어.

그래서 어떻게 됐어요?

우짜겠노. 실은 내가 대통령님 옆에서 친환경 농사를 해야 한다고 바람을 넣은 죄(?)가 있었거든. 그래서 "제가 해보겠습니다!" 하고 손을 들었지.

아니, 거머리가 무서워서 논에도 못 들어가셨다면서요?

그래. 나 역시 농사 경험은 전혀 없었지만 그나마 대통령님 귀향 이후에 주로 바깥일을 맡아 하고 있었고, 마을 주민들하고도 어느 정도 소통하고 있었거든. 실은 봉하마을에서 지내면서 나 역시 대통령님처럼 친환경 농사의 필요성을 피부로 느끼게 되어 내가 해결주체로 나서야겠다고 생각했지. 그렇게 해서 첫해 2만4천 평에서 친환경 농사를 시작하게 된 거야.

말도 마라. 어찌나 독하게 공부하고 일하시던지, 우리 자원봉사자들이 도와줄라꼬 손 좀 보태려다가 뱁새가 황새 따라가다 가랑이 찢어지듯이 고생을 이만저만 한 게 아니야.

"안심할 수 있는 먹을거리, 좋은 먹을거리를 생산할 수 있는 방식으로 농사를 해 보려고 합니다. 친환경이면 안전할 것이고, (소비자들은) 안전 이상을 원하니까 영양이 좋은 것은 유기농법으로 가야 합니다. 여러분에게는 빈손으로 와서 가득 담아 가는 여행의 재미를, 마을 분들에게는 소득의 재미를 제공할 수 있지 않겠습니까. 그러려면 마을의 농사 방법을 개선해야 합니다. 지금은 특별한 방식이 없지만 올해부터는 농사를 잘 지어서 보증하도록 하겠습니다.

그러나 저는 봉하 생태논이 그냥 농사짓는 데 적합한 땅으로 살아나는 수준에 머물기를 바라지 않습니다. 논과 논을 둘러싸고 있는 도랑, 수로, 논두렁, 그다음에 여기 둑, 제방 둑, 산…. 이 모두가 생태적으로 아주 풍부하고 깨끗하고 다양하게 살아나기를 바랍니다. 살아있는 생태계가 되면 거기서 나오는 모든 식물들은 생명의 기가 충만하지 않겠습니까."

– 2008년 10월 대통령의 방문객 인사말 중에서

3장

벼꽃엔딩, 반딧불이 그 밤

"자원봉사는 공동체를 공동체답게 만드는 사랑의 끈입니다.
나눔의 실천을 통해서 법과 제도의 공백을 메우며 우리 사회를
더 밝고 더 따뜻하게 만드는 힘입니다."

– 2004년 12월 3일 전국 자원봉사자 대회 대통령 축하 메시지

얘들아.
저기 논을 잘 보거라.
벼 줄기에 아주 작고
하얀 게 붙어있는 게
보이나?

응, 잘 안
보여요.
뭔가
군데군데
붙어있는 거
같기는 한데.

너희들 벼꽃 본적 없지?
저게 벼꽃이란다. 정말 작지?
자세히 보면 아주 예쁘단다.
느그들처럼.

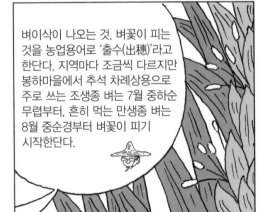

벼이삭이 나오는 것, 벼꽃이 피는
것을 농업용어로 '출수(出穗)'라고
한단다. 지역마다 조금씩 다르지만
봉하마을에서 추석 차례상용으로
주로 쓰는 조생종 벼는 7월 중하순
무렵부터, 흔히 먹는 만생종 벼는
8월 중순경부터 벼꽃이 피기
시작한단다.

와~ 신기해요.
정말 꽃이 피어있어요!
근데 우리가 아는 꽃들과는
좀 다르네요.

이삭대가 나오면 이삭마다 껍데기가 반으로 쪼개져 열리면서 6개의 작고 하얀 쌀 같은 게 삐죽 얼굴을 내민단다. 바로 벼꽃의 '수술'이야. 벼꽃은 암수한몸이야. 암술 하나에 수술 6개가 대략 오전 10시부터 오후 2시 사이에 2시간 정도 피어. 그리고 곧바로 자가 수정하고는 이삭집을 닫아버리지.

그렇기 때문에 평소에 논을 유심히 관찰하지 않으면 꽃이 핀 줄도 모르고 지나가게 된단다. 그래서 사람들이 벼꽃이 있는지조차 잘 모르는 거야.

벼는 한 이삭대에 90〜150개 정도 이삭이 달리는데, 논 전체적으로 꽃을 볼 수 있는 시기는 3일에서 5일 정도에 불과하단다.

벼는 보기엔 투박하게 생겼는데 아주 섬세하네요!

일반적으로 꽃은 벌이나 나비가 꽃가루를 옮겨줘야 수정이 되지만 벼꽃은 암수한몸이라 자가수분(自家受粉)을 한단다. 그래서 장마나 태풍 등 외부의 큰 충격이 없다면 저절로 수분이 잘 돼. 이 시기엔 농부들도 논에 들어가지 않아. 수정이 잘 되게 내버려 두는 거지.

신기해〜 신기해〜

얘들아, 느그들 뭐하노. 언능 일루 와봐.

자, 여기 검붉은 벼가 여기저기 모여 있는 게 보이노? 저게 바로 '자도(紫稻)', 자색벼란다.

아하, 자색벼는 저도 알아요. 노짱 캐릭터논 만들 때 그림이나 글자를 만드는 데 썼죠?

올해 노짱 캐릭터는 어떤 모양이에요? 글자에요, 그림이에요, 아니면 둘 다예요?

하하, 너희들 아까 봉화산 다녀왔다면서?

아이, 아까는 두 분 할아버지 이야기 듣느라고 미처 생각을 못했어요.

할아버지 두 분?

비밀이에요. 이따가 다시 만나기로 했어요. 삼촌도 이따 같이 만나요. 정말 좋아하실 거예요.

봉하마을의 명물 '노짱 캐릭터'는 녹색을 띠는 일반 벼에 자도(紫稻), 황도(黃稻) 등 유색 벼를 이용해 커다란 논 그림을 그리는 작업이다. 손으로 모를 직접 심어 대형 글자나 그림을 만드는데, 초여름부터 늦여름까지 시안(원안)에 맞게 벼를 옮겨 심는 작업을 거쳐 초가을에 작품이 완성된다. 각종 지자체나 기업에서도 홍보용으로 캐릭터논 작업을 하는 곳이 늘고 있다.

'친환경 팜아트(farm art)'이기도 한 노짱 캐릭터논은 매년 봉하를 찾는 방문객들에게 새로운 볼거리를 선사하고, 노무현재단 회원과 자원봉사자, 시민들에게 참여와 노동의 기쁨을 나누고자 매년 시행되고 있다.

2010년 '사람사는세상' 글씨를 시작으로 2019년에 열 번째를 맞이했다. 봉하 친환경 생태농업과 노무현 대통령의 민주주의 정신을 더불어 상징하는 중요한 상징물이기도 하다.

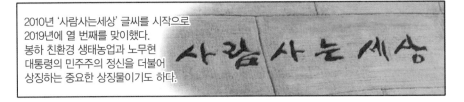

노짱 캐릭터논은 누가 처음 만들었어요? 아이디어가 참 좋은 것 같아요.

2009년 여름이었지. 노무현 대통령님이 갑자기 떠나시고 모두가 깊은 절망과 슬픔에 빠져 있었어. 그때 우리의 마음을 다잡게 한 농부가 있었단다.

전남 장성의 구재상 씨야. 그는 대통령 서거의 슬픔을 홀로 이겨내며 장성에 있는 1,200평의 논에 '사랑합니다. 바보 대통령 / 그립습니다. 바보 농부'라는 글귀를 새겼단다. 벼를 심어서 말이야. 그것도 혼자서. 정말 감동적이었지. 우리 모두에게 큰 위안이 되었고, 다시 일어서야 한다는 의지도 생겼단다.

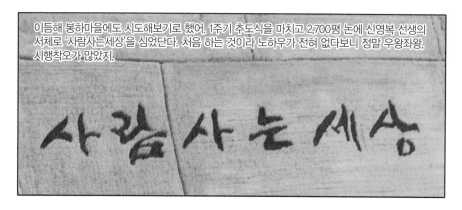

이듬해 봉하마을에도 시도해보기로 했어. 1주기 추도식을 마치고 2,700평 논에 신영복 선생의 서체로 '사람사는세상'을 심었단다. 처음 하는 것이라 노하우가 전혀 없다보니 정말 우왕좌왕. 시행착오가 많았지.

2010년 첫해 캐릭터논의 성공으로 2011년에는 처음으로 밀짚모자를 쓴 노무현 대통령 형상을 추가한 '내 마음속 대통령'이 만들어졌다.

사자바위에 올라서 보면 봉하마을과 들판, 캐릭터논이 한 폭의 그림으로 펼쳐져 방문객들에게 많은 호응을 얻었다. 자색벼를 논그림에 사용하는 것은 벼잎의 색깔이 처음부터 짙은 자주색을 띠어서 논그림과 논글씨를 표현하기에 알맞기 때문이다.

아무리 봐도 참 신기해요. 어떻게 이렇게 큰 논에, 그것도 벼를 심어서 그림과 글씨를 키워낼 수 있는 거죠? 그것도 기계가 아닌 손으로 하나하나 심는다니, 휴~. 저희 같으면 도저히 시도할 생각도 못하겠어요.

캐릭터논 작업은 논이라는 거대한 자연의 도화지에 색깔이 다른 벼를 이용해 스케치를 하고 색칠을 더하는 작업이야. 벼가 자라면서 포기가 번식하고 논이 계속 변화하기 때문에 꾸준히 관리해야 한단다. 벼농사 지식과 경험은 물론 벼 품종, 햇볕과 물, 바람 그리고 작업자의 미술적 감각과 팀워크까지… 이 모든 것이 조화를 이뤄야만 아름다운 작품을 만들어낼 수 있지.

그동안 내가 찍어놓은 사진들을 몇 장 뽑아 왔는데 한번 볼래?

각각의 캐릭터마다 정말 많은 사람들의 정성과 노력이 들어갔단다. 사진을 보니 그때 생각들이 많이 나네.

저희도 언젠가는 꼭 도전해보고 싶어요. 아빠랑 엄마도 같이요. 농군정호 삼촌, 문고리 삼촌도 같이 해요!

땅은 참 정직하단다. 농부가 흘린 땀과 정성만큼 귀한 열매를 선사하지. 무언가를 생산한다는 것은 참 기쁘고 보람된 일이야. 모내기를 하고, 피사리를 하고, 물과 햇살을 받은 벼가 자라 꽃을 피우고, 나락이 익어가며 황금색으로 변해갈 봉하 들녘을 상상하면 미소가 절로 지어진단다. 가을바람이 불어올 때면 황금 물결을 따라 구수한 쌀 익는 냄새가 너희들 마음을 평온하게 어루만져 줄 거야. 그래, 앞으로 너희들과 꼭 나누고 싶은 행복이야.

노짱 캐릭터논 연보 2010~2018

2010년: 글귀 '사람사는세상', 서체: 신영복

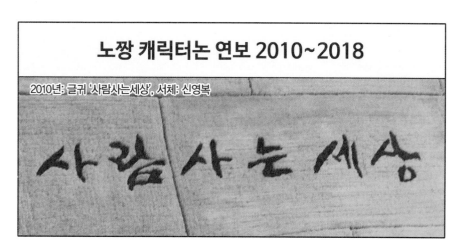

2011년: 글귀 '내마음속 대통령', 서체: 연각제, 그림: 밀짚모자 쓴 대통령

2012년: 글귀 '그대 잘 계시나요', 서체: 명계남, 그림: 방문객들에게 인사하는 대통령

2013년: 글귀 '강물은 바다를 포기하지 않습니다', 서체: 이철수, 그림: 촛불의 바다

2014년: 글귀 '사람사는세상', 서체: 노무현, 그림: 밀짚보자 쓴 대통령

2015년: 글귀 '국민이 대통령입니다', 서체: 신영복, 그림: 대통령 초상화

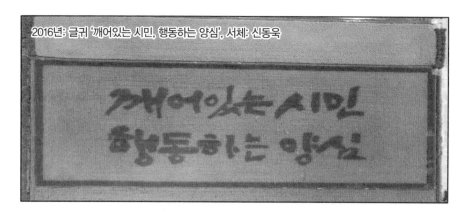

2016년: 글귀 '깨어있는 시민, 행동하는 양심', 서체: 신동욱

2017년: 그림 '노무현 대통령 캐릭터'

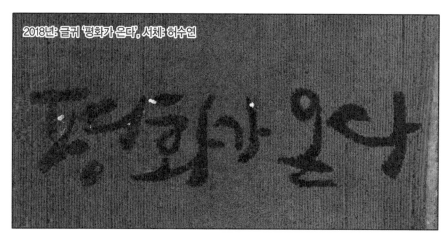

2018년: 글귀 '평화가 온다', 서체: 허수연

삼촌, 저기 전봇대처럼 높이 솟아있는 게 뭐에요?

응, 황새 둥지 아이가.

현서 누나, 그럼 아까 우리가 타고 온 황새가 저 집에 사는 거야?

쉿!

그럼 저게 봉순이네 집이에요?

아니, 봉순이를 위해 만들긴 했는데, 이곳에 방문객들이 많이 오다보니 봉순이가 저기에 둥지를 틀지는 않았단다. 황새는 조심성이 아주 많거든.

아깝다. 봉순이가 저기 살면 자주 와서 볼 수 있을 텐데….

그런데 봉순이는 몇 살이에요?

2012년 4월생이니까 한국 나이로 치면 8살, 사람이라면 초등학교 1학년이네. 하지만 새들 나이로 치자면 이미 어른이란다.

그게 언제에요?

그러고 보니 봉순이가 이곳에 처음 나타났던 날이 생각나네.

봄바람이 제법 거세게 불던 날이었는데, 지금도 날짜가 정확히 기억나는구나. 2014년 3월 18일이었어. 그날 오전 화포천습지생태공원 생태학습관에서 처음 발견되었단다.

생태학습관 선생님들이 회의를 하다가 창밖의 황새를 보고는 서둘러 3층으로 올라가 망원경으로 보니 다리에 가락지 형태의 식별표가 있는 걸 발견했지.

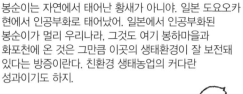

봉순이는 자연에서 태어난 황새가 아니야. 일본 도요오카현에서 인공부화로 태어났어. 일본에서 인공부화된 봉순이가 멀리 우리나라, 그것도 여기 봉하마을과 화포천에 온 것은 그만큼 이곳의 생태환경이 잘 보전돼 있다는 방증이란다. 친환경 생태농업의 커다란 성과이기도 하지.

생태학습관은 저희들도 가봤어요. 화포천의 동식물을 전시한 작은 박물관도 재미있고, 체험 프로그램도 많더라고요. 화포천은 다른 강이나 습지하고 어떻게 달라요?

화포천은 김해 진례면 일대에서 내려온 물이 모여 낙동강으로 빠지면서 생긴 자연습지란다. 사람들이 습지의 중요성을 알게 된 것이 그리 오래지 않아서 10여 년 전까지만 해도 주변에 철로 공사와 공장 신축 등으로 훼손과 오염이 심했어. 그런데 노무현 대통령께서 습지생태에 관심과 애정이 깊으셔서 많이 복원되었단다. 주변을 깨끗이 청소하고 환경감시단도 꾸려졌지. 오폐수 방류를 막고 불법어획을 금지하면서 다양한 종의 물고기가 돌아오고 있어. 덕분에 2017년 11월에 국가습지보호구역으로 지정되기도 했지.

그래서 봉순이가 화포천에서 주로 지낸 거군요. 그런데 황새가 그렇게 큰 새인 줄 몰랐어요.

그래, 키가 1m가 넘으니까. 온통 흰빛에 날개 끝만 검은색인데 눈 주위와 다리는 붉은 색을 띤단다. 암수가 모두 똑같이 생겼어. 황새는 천연기념물 199호로 주로 시베리아 남동부, 중국 동북부에서 번식하고 겨울철에 우리나라에 월동을 하러 내려오지.

책에서 봤는데요, 황새는 부부가 되면 평생을 바람 피우지 않고 함께 산대요.

그래. 가족애가 깊은 동물이야. 봉하에 찾아오는 겨울철새 중에서 가장 큰 무리를 이루는 게 '큰기러기'들인데, 그 녀석들 역시 암수가 한 번 짝을 이루면 죽을 때까지 함께 한단. 의리와 절개가 있는 속정 깊은 새야. 봉순이도 그렇고.

봉순이가 처음 왔을 때는 왜가리가 텃세를 많이 부렸단다. 그런데 시간이 지날수록 서로 친해지더라. 봉순이는 왜가리, 중대백로, 노랑부리저어새와도 잘 어울렸어.

모내기가 끝난 봉하들판은 유기농 농사를 지은 지 오래되어 풍년새우가 아주 많단다. 봉순이는 거의 1초당 한 마리씩 거의 하루 종일 잡아먹었지. 황새는 하루에 약 500g의 먹이를 먹는단다.

풍년새우

어느 날은 논에서 나온 드렁허리를 잡아먹기도 했어. 드렁허리 본 적 있나? 장어처럼 생겼는데 큰 것은 30cm가 넘어. 농약을 사용하는 곳에는 살지 못하는 물고기란다. 봉하들판이 친환경농사를 제대로 짓고 있다는 증거 중 하나가 바로 드렁허리가 많이 산다는 거지.

봉순이는 지금 어디 있어요?

황새는 활동반경이 아주 넓기 때문에 수천 킬로미터를 넘게 날아다닌단다. 생태학습관의 곽승국 관장님한테 들었는데 작년에 일본 시마네 현에서 짝을 만나 2018년 4월에 새끼 네 마리가 부화했다는구나. 봉순이도 이제는 어엿한 엄마야.

얼마 전에도 황새 네 마리가 봉하마을 근처에 나타났다는 소식을 들었어요.

그래, 삼촌이 아침마다 황새들이 잘 지내나 살피러 갔었는데 아쉽게도 오래지 않아 다른 곳으로 이동했어. 봉하와 주변 마을에도 여기저기 개발을 하는 곳이 생겨나면서 황새들이 살 수 있는 서식지가 파괴되기 시작했어. 그래서 환경이 중요하다는 거야.

아니에요. 그 황새들이 돌아왔는지도 몰라요. 아까 우리가 봤어요. 황새 네 마리. 봉순이네 가족인지 새로 온 황새 가족인지는 모르지만요.

그래? 이따가 한번 돌아봐야겠는걸?

지금 봉하마을에 '단계적 방사장'을 준비하고 있단다. 한국교원대학의 청람황새복원센터에서 한두 쌍의 황새 부부를 분양받아 봉하 방사장에서 새끼를 치고, 새끼들이 자라면 자연으로 돌려보낼 계획이란다. 잘 되면 봉하마을이 황새들의 고향이 될 거야. 이미 일본 도요오카 현의 황새복원센터에 다녀왔고, 예산군 황새공원과 한국교원대학교의 황새복원센터에도 도움을 요청했단다.

무엇보다 너희처럼 자연을 아끼고 사랑하는 사람들, 시민들의 관심과 지원이 꼭 필요한 일이야.

삼촌, 곧 해가 지려나 봐요.

노을이 참 아름다워요.

이맘때에 볼 수 있는 봉하의 비경이 하나 있는데 너희들한테도 보여줄까?

아하, 그거 말씀이군요. 그래 얘들아. 이따 저녁 먹고 북제방길에 나가보자. 아주 멋진 풍경을 보여줄게.

약수암

북제방길

생태공원

본산배수장

화포천

해가 지니까 동네가 완전히 깜깜해요. 불빛도 없고.

시골마을이 다 그렇지. 캄캄해서 잘 보이지 않는 대신에 소리는 낮보다 훨씬 잘 들리는 것 같아.

쉿, 잠시 멈춰 봐. 낮에는 들리지 않던 풀벌레 소리가 들리지? 귀뚜라미 소리, 풀여치 소리, 찌르레기 소리까지. 바람에 나부끼는 풀벌레 소리와 어우러져 마치 자연을 무대로 연주하는 현악 4중주 같단다.

치치치치

귀뚤귀뚤

스스스스

찌르르 찌르르

찌륵 찌륵

저기가 약수암이다.
이 앞에 난 길을 여기서는
북제방길이라고 부른단다.
화포천과 연결된 13개의
지천 가운데 하나인 용성천을
끼고 있지. 자 이제 슬슬
보이기 시작하네.

뭐가요?
혹시 귀신이
나오는 거예요?

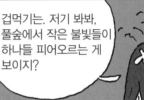

겁먹기는. 저기 봐봐,
풀숲에서 작은 불빛들이
하나들 피어오르는 게
보이지?

저기 보거라,
반딧불이다!

올해도 반딧불이를
볼 수 있다니,
신난다~!

녹음이 한층 짙어진 8월 하순이면
은은한 반딧불이를 볼 수 있지. 이것 역시
봉하마을이 친환경 생태농사를 지으면서
생겨난 아름다운 변화 중에 하나야.
여기 반딧불이는 '늦반딧불이'야.
산기슭의 습한 곳이나 여기 같은 제방의
경사로에서 나타난단다. 요즘은 흙과 물이
오염된 곳이 많아서 시골이라도 반딧불이
보기가 쉽지 않아.

271

반딧불이들이 마치 물속을 헤엄치는 것 같아요. 천천히, 여유가 있어 보이네요.

6월께 맑은 계곡에서 볼 수 있는 애반딧불이는 암수가 모두 날개가 있어 날아다니는데, 여기 늦반딧불이는 수컷만 날 수 있어. 암컷은 애벌레 상태로 수풀 속을 기어 다니면서 꽁지에 있는 불빛으로 수컷으로 부르지.

삼촌도 모르는 게 없으시네요?

삼촌이 이래봬도, 봉하마을 생활 10년이 넘은 몸이시란다.

봉하마을에서 처음으로 반딧불이를 봤던 때가 생각나는구나. 2008년 이맘때였지. 나도 꽤 오래 도시생활을 했기 때문에 반딧불이를 거의 보지 못하고 지냈거든. 더군다나 봉하마을에서 그걸 다시 봤을 때는 말로 표현할 수 없이 반가웠어. 어찌나 기뻤는지 심장이 쿵쾅거릴 정도였다니까. 대통령님도 반딧불이를 참 좋아하셨는데….

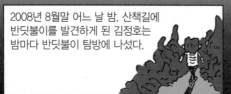

2008년 8월말 어느 날 밤. 산책길에 반딧불이를 발견하게 된 김정호는 밤마다 반딧불이 탐방에 나섰다.

어느 날 북제방길을 탐색하던 중에 다시 반딧불이 불빛을 발견한 김정호는 이 소식을 누군가에게 알리고 싶었다. 오~

가장 먼저 생각난 사람은 노무현 대통령이었다. 귀향하자마자 봉하마을과 화포천, 봉화산의 환경을 정화하고 생태를 복원하기 위해 노력해왔던 대통령이라면 반딧불이의 등장에 누구보다 기뻐할 것이 분명했다. 고민 끝에 대통령 사저 경호 데스크에 전화를 걸어, 마침내 대통령과 전화통화를 하게 되었다.

틱틱 틱틱

자넨가? 밤중에, 무슨 일이 있는가?

네, 대통령님! 봉하에 반딧불이가 있습니다. 반딧불이를 발견했습니다!

그래, 자네는 어디서 보았는가?

네, 굼마간하고 그 아래 북제방 수로에서 보았습니다.

기쁘고, 흥분되고, 자랑도 하고픈 마음에 거두절미하고 다급한 목소리로 말했다. 그런데 대통령의 목소리가 기대와는 달리 너무나 차분했다.

어찌나 담담하던지 순간 괜히 전화 드렸나 싶었다. 하지만 대화가 길어질수록 그게 아니라는 것이 느껴졌다. 옅게 떨리는 목소리가 분명 대통령도 기쁨을 감추고 있는 걸 역력히 느낄 수 있었다.

대화가 이어지면서 대통령도 말이 빨라졌다. 오히려 은근히 자랑하는 투였다. 대통령의 표정이 눈에 선했다.

자네는 몇 마리나 보았나?

네, 일곱 마리 보았습니다. 찾아보면 더 있을 것 같습니다.

그래, 거기도 있더냐. 나는 며칠 전부터 자은골하고 저수지 쪽에서 스무 마리도 넘게 봤다.

진즉에 봤다고 말씀 좀 해 주시지 괜히 혼자서 흥분했네.

속으로 투덜거리면서도 봉하 곳곳에 반딧불이가 있다는 사실에 그저 기분이 좋았다. 비록 소소한 것이지만 대통령과 둘만의 비밀을 공유한 것 같아 흐뭇했다.

한 마리~ 두 마리~ 세 마리~ 네 마리~ 다섯 마리~ 여섯 마리~ 일곱 마리~

지금은 추석 전후로 저녁 무렵부터 밤 9시 전까지 늦반딧불이를 흔하게 볼 수 있단다. 어둠이 서서히 내리면 가로등 없는 약수암에서부터 도둑골 입구, 화포천까지 반딧불이 불빛이 피어나지. 이럴 때 옛날 그 밤처럼 노무현 대통령님과 반딧불이 이야기를 다시 나눌 수 있다면 좋으련만…

저기가 배수장이고, 왼편이 자광사야. 저기서 굴다리를 지나면 화포천 생태공원이 이어지지. 그쪽에도 아마 반딧불이가 장관일걸.

지금쯤 나타나실 시간이 됐는데 어디 계시지?

쉿! 저쪽에 계신다. 정호 삼촌한테 살짝 알려드려.

정호 삼촌. 저기 기다리는 분이 계세요.

아니 누가 오시기로 돼 있나?

김 의원
자넨가?
아니 정호씨,
내다!

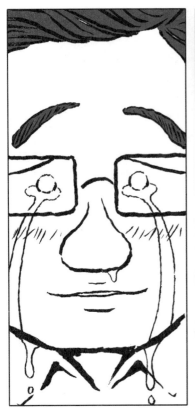

대통령님….

그래, 나야.
그동안 잘 지냈는가?
자네 소식은 전해 들어
알고 있다네.

예, 오실 줄 알았습니다.
늘 다시 뵙는 날을 기다려
왔습니다.

고생했다, 정호야.
참 애썼다. 고마워.

276

10년만입니다.
대통령님.

그래. 2009년 12월
마지막 방문객 인사를 한 후로는
집 밖으로 거의 나가지 않았지.
그래도 집에서 내다보면 겨울 철새가
많이 보였어. 내가 외출을 하지 않으니까,
집에서라도 보라고 자네가 열심히
무논(물이 괴어있는 논)을 만들어 기를
쓰고 철새를 불러 모으는 것 같았어.
"우리 잘하고 있습니다. 한번 나와
보세요"하고 말이야. 그때 말은 못했지만
참 고마웠네. 실은 새벽에 사람이
없을 때 잠깐이지만 가끔
나가보았다네.

죄송합니다.
지켜드리지 못해서.

아니야, 그런 말 말아.
자네 잘못이 아니야.
이제 우리는 더 큰 세상을
향해 새로운 물결로
흘러가고 있지 않나.
바다를 포기하지 않는
강물처럼!
문재인 대통령께서
잘 하고 계시고,
자네나 모두들
애쓰고 있으니
잘 되리라고 믿어.

사람이 사는 '사람 생태계'도 복원이 됐으면 좋겠네. 그냥 복원이 아닌, 서로 돕고 의지하고 협력하면서 살아가는 '공동체 생태계' 말이야.

예, 꼭 그렇게 만들겠습니다.

그나저나 요즘도 봉하마을에 자원봉사자들이 많이 오나? 예전 같지는 않지요?

10년이 넘게 흘렀으니까요. 모든 게 다 전 같지는 않습니다만, 그래도 자원봉사자들은 여전합니다. 다들 저마다 있는 곳에서 열심히 살고 있습니다.

아, 얼마 전부터 자원봉사자들이 다시 의기투합해 장군차밭 가꾸기에 나섰습니다.

그래요, 정말 고마운 분들이야.
진정 깨어있는 시민들이지. 그분들이 없었다면,
우리나라 민주주의도, 지금의 봉하마을도 없었을
거라고 생각해요. 다들 보고 싶네. 사흘이 멀다 하고
서울에서, 광주에서, 대구에서, 부산에서, 대전에서
만사 제껴두고 달려오셨지.
반딧불이 한 마리의 불빛은 작고 미약하지만 저
불빛들이 하나 둘 모여 우리들의 마음을 환히
비춰주는 것처럼, 앞으로 세상은 우리
자원봉사자들, 시민들의 땀과 노력으로 한층
밝아질 것이라고 믿네.

빈들처럼　권성술　간역　현의

반디　천안대감　딤물원　명계남　천ㄱ

가아냥　나면버ㄷ　선말은재

푸티　하늘처럼　구름이　이ㄹ정

비미나성우　감촌　쪽상방부부　다ㅇ　다본　서ㅇ

문고리　김민쪽　홍길주　차륵　적아미

다솜　호미동　미르의전설　방굿

누규　뺀띠　이도잉　구름끼　엘살바도리　동

밥먹삼　가인블루　귀남이

정찬민　미술판　정은지　배야　호차서전

김경ㄴ　거울래　노랑경

도레미아꿈마　미자씨　새날　김쌍

진잉지가와　꼬맹이　나무숲ㅅ　이보서

엄ㅇ내ㅈ　아빠　파란ㄴ실

마음바라기　해를꿈꾸는별

빈들처럼　권성술　간9억　현우　초

반디　천안대감　덩뭘천　명계남　진걸이

가야잉?　나면번트

푸터　하늘처럼　구름이　선말은재　이ㄹ징

밤이내성우　감촌　잠상부부　다윳　다븐　서위　출장맘

바다나꾸시　문고리　김민즉　홍길주　차ㄹ

소나무　대한다솜　호미툰　미르어전설

김준천　맛슈　빤띠　이또잉　구름끼　방긋　예살바

밀ㄹ길　엉낭부사　정찬민　미술관　정은서　귀남

가인블루　배아

김권승　김명ㄴ　서울래　노랑경　김깽ㅅ　공주

도레미아꿈마　미자씨　새날

대추　진잉지가요　꼰맹이　나무숲소　이노러서　무쓰

엄마시중　파란스il　잡ㅎ아빠　고밀

거창토데기　마음바라기　해를꿈꾸는별

순수나라　답답　자봉　영ㄹ권ㅎ는ㅈ

최용기　내사랑　그리언미소　꿈꾸는정천　민트

야단법석　신시아　애행우체통

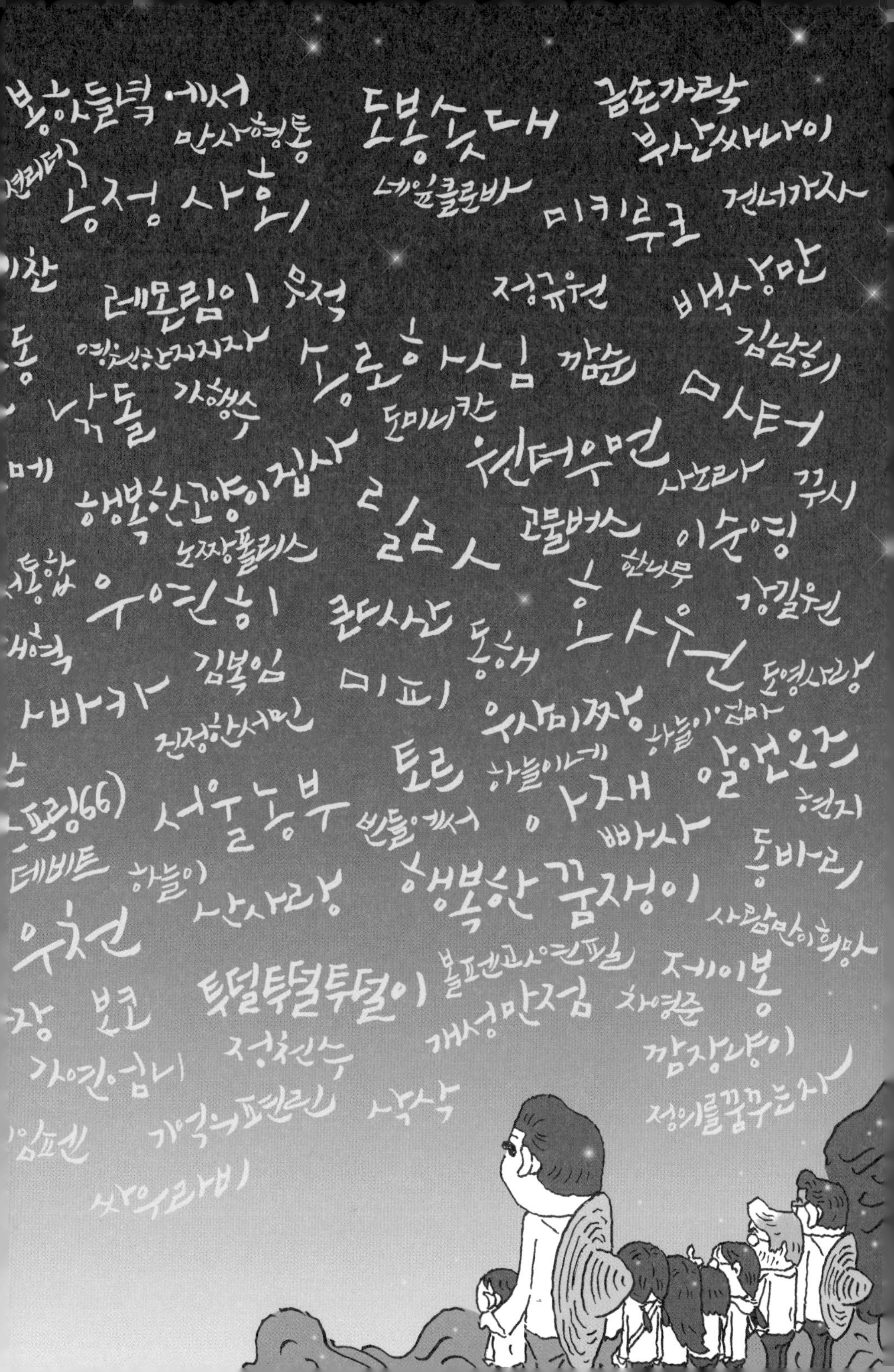

봉하들녘에서
만사형통
금손가락
부산싸나이
공정사회
세잎클로바
미키루크
건너가자
레몬림이
무적
정규원
배상만
소통하심
깜순
김남희
마스터
도미니칸
원더우먼
행복한고양이집사
고물버스
이순영
노점장폴리스
한나무
우연희
강길우
동해
김복임
미피
사바키
진정한서민
우사미짱
하늘이엄마
토르
하늘이네
아재
서울농부
빈들에서
빠사
동바리
하늘이
산사랑
행복한꿈쟁이
사람만이희망
우천
제이봉
투덜투덜투덜이
개성만점
채영준
정천수
깜장냥이
가연엄니
기억의편린
사각사각
정의를꿈꾸는자

3부
1장

노무현, 아카이브(archive)

역시 조류계
골목대장은 까치가
갑이야.

그러게요.

현숙씨 있잖아.
지난겨울에 봉하마을에
황새 네 마리가 나타났다길래
문고리님 사진 촬영하러 갈 때
따라갔었거든. 다리에
식별표가 없는 걸 보니
야생 황새 같더라고.

아, 그랬어요?
봉순이도 새끼를
네 마리 낳았다더니요.

그렇지? 묘한 우연이야.
아무튼 그날은 김해시와
화포천생태학습관에서 먹이가
부족한 황새, 독수리 무리에게
먹이를 주는 날이었거든.
우연처럼 까치와 까마귀,
독수리 그리고 황새들이
한자리에 모이게 됐지.

잘 어울리는가 싶더니
어느새 까치vs까마귀,
황새vs독수리, 이렇게
하늘에서 작은 영역
싸움이 붙었어.

진짜요?
어쩐대.

누가 이겼는지 알아?

아무래도 까마귀하고 독수리가 이기지 않았겠어요? 생김새로 보나 덩치로 보나.

땡! 아니야, 까치하고 황새가 이겼어. 까치 성깔이 드센 거야 많이들 아는 사실일 텐데, 덩치는 서로 비슷하지만 황새가 상대적으로 연약해 보이는데도 독수리한테 전혀 주눅 들지 않고 맞서는 모습에 놀랐어. 캬~ 그날 까치와 황새의 결승전을 끝내 보지 못한 게 정말 아쉽단 말이야. 한 번 보러 가야 할 텐데.

아침부터 갑자기 웬 까치에 황새 이야기를 하나 싶더니만, 결국은 봉하마을 가고 싶다는 이야기였네요. 대놓고 말하지 뭐라고 그렇게 에둘러서 가고 그러실까.

아니 뭐, 꼭 가고 싶다는 뜻은 아니고, 문득 생각이 나서. 나야 가면 좋지만서두….

안 그래도 요사이 애들이 눈만 뜨면 봉하마을 가자고 성화여서 한 번 가기는 해야겠어요. 어제도 새벽까지 얼마나 떠들고 속닥거리던지 잠을 못 잘 정도였다니까요.

그렇지? 한 번은 가야겠지? 마침 주말이고, 간만에 휴일 근무도 없는데 오늘이라도 당장 갈까? 오늘 아니면 또 언제 시간이 될지 몰라. 좀 있으면 애들 시험 기간이지, 윤서 라켓볼 대회도 시작되고, 나도 신규업무가 많아져서 언제 어떻게 될지 모르는데….

그래요. 가요 가. 아이들 말마따나 나도 가본지 너무 오래라 가고 싶은 생각은 많았어요.

그렇지? 준비는 내가 다 할게!

보하, 보하, 가자, 가자!

얘들아, 해가 중천에 떴어. 모처럼 아빠도 집에 있는데 일찍 좀 일어나지!

이 녀석들 봐라, 꿈쩍도 않네?

윤서야, 같이 라켓볼 하러 가자. 현서야, 뮤지컬 보러 안 갈래? 〈레미제라블〉 앵콜 공연 떴다던데. 영서야, 휴일에 놀이공원 가자고 안 했니? 희찬아, 오늘은 게임 안 해?

음냐…

미적 미적

안 되겠네.

그러면 아쉽지만 봉하마을은 엄마랑 아빠랑 유찬이만 가야겠다.

벌떡 봉?

벌떡 하?

벌떡 마?

벌떡 을?

후다다닥

주섬주섬 치카치카

켁!!

자, 지금부터 봉하마을 출발 전 최종점검을 하겠습니다. 갈아입을 옷과 세면도구, 숙제, 장난감 등등 각자 짐은 각자 가방에 다 챙겨 넣었습니까?

우리 진짜로 봉하마을 가는 거야, 언니? 나 어젯밤에 꿈을 꿨는데, 우리가 황새를 타고 봉하마을로 가서 노무현 대통령 할아버지랑….

네, 다 챙겼어요!

역시 준비된 아이들답다. 잘했어. 자, 이제부터 봉하마을 교통편 추첨이 있겠다.

칫, 알았다구! 나중에 무슨 꿈이었냐고 물어보기만 해 봐라. 하나도 말 안 해줄 거야!

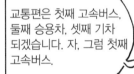

교통편은 첫째 고속버스, 둘째 승용차, 셋째 기차 되겠습니다. 자, 그럼 첫째 고속버스.

네, 고속버스는 서울 강남고속버스터미널에서 진영시외버스터미널로 가는 버스가 약 1시간 30분 간격으로 있습니다.

진영시외버스터미널에 도착하면 10번, 혹은 57번 버스를 타고 봉하마을로 들어가면 됩니다. 20~30분 정도 걸립니다.

아빠, 저희는 멀미가 심해서 고속버스는 무리겠어요. 다른 거 타고 가면 안 될까요?

그럼, 두 번째 교통수단. 우리집 자가용 이용 코스입니다.

자가용은 집에서 출발해 경부 고속도로를 타고 다시 영동 고속도로→중부내륙고속도로→ 남해고속도로로 가다가 동창원 IC나 진례IC로 나가면 진영, 봉하마을 도착이다. 오늘은 토요일이고, 가다가 밥도 먹고 화장실도 몇 번 들르면, 음 대략 대여섯 시간은 걸리겠는걸. 휴~.

아빠, 시간은 둘째 치고요. 우리 차는 5인승인데, 우리 가족은 7명이거든요.

치치포포? 칙칙폭폭? 유찬이는 기차를 타고 가고 싶은가 봐.

치치포포!

기차 좋아요. 기차로 가요!

자, 그럼 만장일치로 오늘 봉하마을 여행은 기차로 갑시다~.

진영역 도착!

문고리 삼촌~

얘들아~

봉하마을로 출발~!

정말 몰라보겠어요. 봉하장터도 처음 봤을 때보다 훨씬 멋지게 바뀌었네요. 여기 빌라는 이제 연수원으로 완전히 자리를 잡았나 봐요.

289

봉하빌라를 기증한 故 강금원 회장
(노무현재단 명예 이사장)의 이름을
따서 '강금원 기념 봉하 연수원'으로
2018년 5월에 새로 문을
열었지.

아빠, 우리 오늘
여기서 자요?

그럼. 아빠가 노무현재단 홈페이지에서
미리 다 예약을 해놨어.
아빠는 후원회원이라 할인도 받았지.

아빠는 역시 센스쟁이!

사람들이 '봉하빌라'라 부르던 이 건물은
노무현 대통령의 오랜 벗이자 후원인이었던
故 강금원 회장이 노 대통령과 함께 봉하마을을
가꿀 참여정부 비서관과 손님들이 지낼 공간으로
건립했던 곳이다.

2018년 5월 1일 노무현 대통령 서거 9주기를 맞아
노무현재단이 '강금원 기념 봉하연수원'으로 새롭게
개관을 했다. 노무현재단 홈페이지 예약서비스를 통해
교육 프로그램과 함께 숙박시설을 이용할 수 있다.

예~!

짐은 연수원에
잘 정리해 놓고 왔지?

그럼 이제부터
복장점검이
있겠습니다.

오랜만에 왔으니 봉하마을 안내소에서
지도 몇 개 챙겨가자. 먼저, 노무현재단에서
만든 봉하마을 안내지도는 필수고, 애들을 위해
'화포천 아우름길 스탬프 투어'도 있어야겠지?
화포천에 살고 있는 멸종위기 종을 찾아 10개의
장소를 찾아가는 프로그램인데 아주 재미있어.
시간이 나면 김해시 명소들도 가보자.
그러려면 김해시 관광지도하고 낙동강 레일파크
안내지도도 챙겨야겠지.

현숙씨, 여기서 유모차도
무료로 빌려준대.

오늘은 유모차 없어도 될 것
같아요. 그냥 유찬이 실컷
뛰어놀라고 할래요. 힘들면
돌아가면서 안고 가요.

아빠, 저기 바람개비
받으러 갔다 올게요.

너희들 모습 보니 진짜
봉하마을에 온 실감이 난다.
이제 대통령 할아버지한테
인사드리러 가야지?

아빠, 여기에 왜 물을 담아 놓았어요?

응, 이건 수반이라고 해. 바닥에 검은 자갈을 깔아서 마치 거울을 보는 것 같지? 수반은 참배를 하기 전에 우리의 마음가짐을 바르게 정돈하자는 뜻에서 만들어둔 거야.

가만히 보고 있으니 마음이 평안해지는 느낌이에요.

"화장해라, 집 가까운 곳에 아주 작은 비석 하나만 남겨라." 대통령님의 마지막 말씀에 따라 수원 연화장에서 화장하고, 봉하마을에 있는 생가와 대통령의집 가까운 이곳에 고인을 모셨습니다.

노무현 대통령 묘역은 국가보존묘지 1호입니다. 현충원에 모셔지지 않은 첫 번째 사례이기 때문입니다. 노무현재단이 후원회원들의 도움을 받아 직접 운영, 관리하고 있습니다.

대통령님의 유해가 담긴 석함(石函)에는 참여정부 5년의 기록과 성과를 담은 백서와 다큐멘터리 DVD, 화보, 추모영상 등이 담겨 있습니다. 낮게 깔린 이 바위는 '너럭바위'이며 봉분을 대신합니다.

조계종 총무원장을 지낸 지관스님의 글씨로 '대통령 노무현'을 새겼습니다. 비석 받침에는 신영복 선생의 글씨로 대통령님의 어록 '민주주의 최후의 보루는 깨어있는 시민의 조직된 힘입니다'를 새겼습니다.

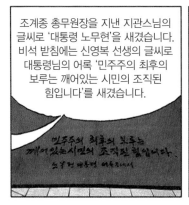

너럭바위 뒤로 병풍처럼 길게 펼쳐져 있는 붉은 철판은 '곡장'(曲牆)이라고 합니다. 내후성 강판으로 되어있어 세월이 지나도 오래도록 같은 모습을 유지하게 해줍니다.

묘역 전체 구성은 우리가 사는 마을, '사람 사는 세상'을 상징합니다.

바닥은 국민들의 추모의 마음을 담은 박석 1만 5,000개와 자연 박석을 섞어 만들었습니다.

묘역을 가로지르는 중앙 박석로는 사람 사는 세상 마을의 중심이 되는 도로이고, 뻗어있는 박석로는 마을 골목길, 두 개의 수로는 하천, 제각기 모습의 자연석들은 그 마을의 다양한 집과 사람들을 상징합니다.

아, 듣고 보니 정말 그러네요. 우리 살던 고향 마을 같아요.

자, 이제 대통령님께 묵념을 드리겠습니다. 노무현 대통령님께, 묵념.

가장 바보였기에 오히려 위대했던 분.

미안합니다. 고맙습니다. 사랑합니다.

박석

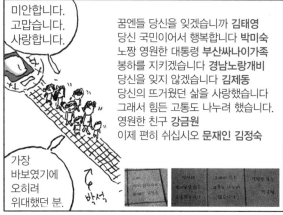

꿈엔들 당신을 잊겠습니까 **김태영** 당신 국민이어서 행복합니다 **박미숙** 노짱 영원한 대통령 **부산싸나이가족** 봉하를 지키겠습니다 **경남노랑개비** 당신을 잊지 않겠습니다 **김제동** 당신의 뜨거웠던 삶을 사랑했습니다 그래서 힘든 고통도 나누려 했습니다. 영원한 친구 **강금원** 이제 편히 쉬십시오 **문재인 김정숙**

이게 김대중 대통령께서 쓰신 글이야.

"내 몸의 절반이 무너진 것 같은 심정이다."

송기인 신부님 박석도 있어요. "대통령님 평화가 이슬비처럼."

"내 몸의 절반이 무너진 것 같은 심정이다." 2009. 5. 23 김대중 2010. 11. 의호

대통령님 평화가 이슬비처럼 송기인

아빠, 그런데 바닥에 낮에 깔린 바위가 대통령 할아버지 무덤이에요?

너럭바위라고 하는데, 넓고 평평한 바위라는 뜻이야. 대통령 할아버지께서 말씀하신 작은 비석의 역할을 하고 있단다. 우리나라 전통묘 방식 중 하나인 고인돌의 형태지. 너럭바위에는 '대통령 노무현'이라고 여섯 글자를 소박하게 새기고 따로 비문은 새기지 않았어.

치열하고 당당했던 노무현 대통령의 삶을 짧은 비문에 모두 담을 수 없다고 판단했기 때문이지.

돌아가신 그해 11월에 묘역 공사를 시작해서 이듬해 서거 1주기인 5월에 묘역이 완성되었는데, 그때 너희 아빠도 여기서 자원봉사를 했어. 추도식 날 어찌나 비가 많이 왔던 지, 아마 그날 왔던 사람들은 모두 태어나서 그렇게 많은 비를 그대로 다 맞은 적이 없었을걸.

주말이면 언제나 명짱(명계남)님이 이 앞에서 노무현재단 후원회원 모집 자원봉사를 돕거나 방문객들에게 사진을 찍어주곤 하셨는데, 오늘은 안 보이시네요. 어디 가셨나 봐요?

소식 못 들었어요? 명짱님 요즘 바빠요. 작년 12월에 요 앞 본산공단 쪽에 극장을 만들어서 운영하세요. '콜로노스'라고, 제법 커요. 극단도 만들어서 매주 연극을 올리고 있어요. 이런 시골마을에 영화관도 아니고 매주 연극을 볼 수 있는 극장이 생겼다는 게 참 대단한 일이죠.

'봉하극장'이라고 지었으면 더 멋졌을 텐데.

저도 몇 달 전에 다녀왔는데, 봉하마을에 와서 연극 보는 느낌이 남다르더군요. 극장도 제법 잘 지었던데요.

294

우리도 이번에 같이 가 봐요. 저도 오랜만에 연극 한 편 보고 싶네요.

데이트! 데이트! 엄마아빠사 데이트!!

얘들아 정말 오랜만이다. 잘들 지냈지? 아이고야, 유찬이 이쁜 것 좀 봐라.

진광 씨가 그렇게 자랑할 만하네요.

안녕하세요~

엄마가 성민이 삼촌이랑 미자 이모 만나면 꼭 인사하랬어요. 아빠가 봉하마을 내려갈 때마다 두 분한테 신세를 아주 많이 졌다면서요?

잠도 재워주고, 밥도 먹여주고, 빨래도 해줬대.

박성민♥신미자

진영이 고향인 박성민씨와 인근 한림이 고향인 신미자씨는 봉하마을의 소문난 잉꼬부부다. 노무현 대통령 귀향 초기부터 부부가 매주 자원봉사를 오다가 대통령 서거 이후에는 아예 영농법인 봉하마을의 직원이 되어 10년 넘도록 봉하 친환경 생태농사를 지었다. 현재는 봉하 생태문화공원 관리를 한다. 자원봉사에도 열심이다.

아이고, 엄마가 별 이야기를 다 하셨네. 모처럼 왔으니 우리 집에서 다 같이 묵으면 되겠다.

오늘은 강금원 기념 봉하 연수원에서 자기로 했어요.

그럼 내일은 우리 집으로 온나!

요즘은 어떻게 지내고 계십니까?

느그들이 요즘 뜸하니 다른 자원봉사자들하고 두 배로 열심히 일하고 있지. 오랜만에 얼라들까지 다 몰고 왔는데 내가 지대로 구경시켜주꾸마. 어른들끼리는 이따가 밤에 살짝 한잔씩 꺾자!

생태문화공원은 노무현 대통령과 봉하
자원봉사자들이 만든 옛 생태공원을
더 많은 시민들이 편하게 이용하고
아이들에게는 생태교육의 장으로
사용할 수 있도록 2015년 새로 개장한
자연학습장이다. 노무현 대통령 묘역
주변을 정비해서 추모 공간을 새롭게
조성하고, 건강하고 아름다운
농촌마을을 체험할 수 있게 설계되었다.
생태공원은 크게 추모와 자연,
생태체험의 공간으로 구성되어 있다.

묘역을 중심으로 봉화산과 왼편의 작은
저수지로 이어지는 넓게 열린 공간은
명상과 사색, 그리고 휴식의 공간이다.
중앙을 가로질러 흐르는 자연형 계류
주변에 봉화산에서 자생하는 나무들과
풀들을 심어서 자연학습장의 역할도 한다.
위쪽 잔디밭은 노무현 대통령이 단체로
봉하마을 방문객들을 맞이하거나
자원봉사자들과 일을 마치고 환담을
나누던 곳이기도 하다.

묘역에서 오른쪽으로 조금 내려가면 갖가지
농작물을 직접 키우거나 관찰할 수 있는
채원, 친환경 생태농업을 체험할 수 있는
체험논, 화원, 그리고 생태연못을 볼 수
있다. 기존의 경관을 최대한 보존해서
봉하들판에서 화포천을 아우르는
생태자원을 그대로 재현해 만든 열린
자연전시관이라고 할 수 있다.
노무현재단과 김해시 주최로 봉하마을의
자연과 생태, 논농사, 밭농사, 농촌전통놀이
등을 소재로 한 체험 행사가 이곳에서
사시사철 열린다.

아빠, 대통령 사저 앞에 사람들이 줄을 지어 서 있어요.

이제는 사저라고 부르지 않고 '대통령의집'이라고 부른단다.

오늘 노무현재단에서 '1박2일 가족 봉하캠프'를 한다나 봐. 특별손님으로 김경수 경남도지사가 오셨어. 오늘은 직접 대통령의집 안내를 해 주신다고 하네.

16대 대통령 선거 때부터 참여정부 5년, 대통령님 귀향과 이후 정치인이 되기까지 긴 세월을 노무현 대통령 가장 가까운 곳에서 함께해온 분이지. 이번 봉하캠프 참가자들에게는 정말 뜻 깊은 관람이 되겠네.

그런데 저쪽에 누가 또 있는데? 아, 이호철 전 수석님이시네!

두 분 모두 오랜만에 뵙네요. 오늘 오신 분들 정말 신나겠는데요?

가득~~ 사방경수다~ 미소천사 김경수! 아~~ 짝짝짝짝 김경수! 김경수!!

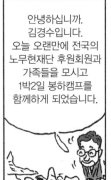

안녕하십니까. 김경수입니다. 오늘 오랜만에 전국의 노무현재단 후원회원과 가족들을 모시고 1박2일 봉하캠프를 함께하게 되었습니다.

2002년 봄, 대통령님을 따라 봉하마을에 처음 내려왔을 때가 생각납니다. 그때는 대통령님과 함께 매일 같이 이런 만남을 했는데요, 지금은 비록 돌아가셨지만 마치 제 옆에 함께 계신 것 같은 느낌이 듭니다. 여러분도 그러시지요?

지금은 대통령의집 관람 시간입니다. 예전에는 이곳을 '사저(私邸)'라고 불렀습니다. '사저'란 말에는 '옛날 관료나 고관대작들이 사사롭게 머무는 집'이라는 뜻이 포함되어 있습니다.

대통령님의 삶이나 유지와는 맞지 않는 느낌이죠? 그래서 몇 년 전부터 '대통령의집'으로 고쳐 부르고 있습니다. 대통령께서 귀향하시고, 생을 마감하실 때까지 살던 집입니다. '지붕 낮은 집'이라고도 합니다. 주변 자연경관을 헤치지 않고 자연과 함께 어우러질 수 있도록 집을 낮게 지어서 붙여진 이름이지요.

노무현재단은 수요일부터 일요일까지 매주 5일간 '대통령의집'을 봉하마을 방문객들에게 개방하고 있다. 대통령의집 해설사의 안내에 따라 안채, 사랑채, 서재(회의실) 등 노무현 대통령이 퇴임 후 생활했던 집의 주요 공간을 둘러볼 수 있다.

매주 월요일과 화요일(단, 공휴일인 경우에는 개관), 매월 마지막 주 수요일, 그리고 5월 23일 대통령 서거 추도식과 설, 추석 명절 당일은 휴관한다.

관람 시간은 오전 10시, 11시, 오후 1시 30분, 2시 30분, 3시 30분로 1일 총 5회이다.

우리도 줄 설까요?

오늘은 가볼 데도 많고, 여기 기다리는 분들이 많으니 내일 아침에 일찍 나오자. 오전 10시가 첫 번째 관람 시간이니 아침 먹고 바로 나오면 되겠다. 괜찮지?

우리 그럼 이제 추모의집으로 가볼까?

아까 못 보셨구나. 거기는 문 닫았어요.

정말요? 무슨 일이에요? 추모의집이 없어지다니?!

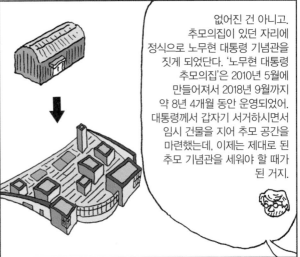

없어진 건 아니고. 추모의집이 있던 자리에 정식으로 노무현 대통령 기념관을 짓게 되었단다. '노무현 대통령 추모의집'은 2010년 5월에 만들어져서 2018년 9월까지 약 8년 4개월 동안 운영되었어. 대통령께서 갑자기 서거하시면서 임시 건물을 지어 추모 공간을 마련했는데, 이제는 제대로 된 추모 기념관을 세워야 할 때가 된 거지.

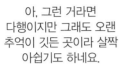
아, 그런 거라면 다행이지만 그래도 오랜 추억이 깃든 곳이라 살짝 아쉽기도 하네요.

대통령님 귀향 첫해에 약 85만 명, 서거하신 해까지 합하면 210만 명이 넘는 방문객들이 봉하마을을 다녀갔어. 해마다 평균 88만 명 이상의 참배객이 대통령님 묘역과 생가 등을 찾고 있지.

지금이야 많이 나아졌지만 대통령님 서거 이후 봉하마을에는 묘역과 생가 외에 대통령님의 정신을 알리고 홍보할 수 있는 시설이 전무한 실정이었거든. 방문객들을 위한 추모 공간이 시급했지. 그래서 만들어진 게 '노무현 대통령 추모의집'이었어.

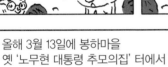
올해 3월 13일에 봉하마을 옛 '노무현 대통령 추모의집' 터에서 소박하게 착공 기념 행사를 하고 '노무현 대통령 기념관(김해시민 문화체험전시관)' 건립 공사가 본격적으로 시작되었어요. 당분간은 노무현 대통령 생가 옆에 추모 야외 영상 전시관을 운영하고 있죠.

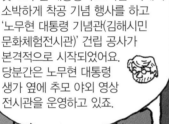

우리끼리 이럴 것이 아니라 이호철 전 수석님께 직접 여쭤볼까? 대통령 기념관 건립 추진단장도 하셨으니 잘 설명해 주실 거야.

그분이 누군데요?

아하, 너희들은 잘 모를 수도 있겠다. 참여정부 청와대에서 국정상황실장, 민정수석비서관을 지내셨던 분이야. 최근 4년 동안 노무현 대통령 기념관 건립 추진단장도 맡아 일하셨지.

저는 TV에서 몇 번 봤어요! 예전에 봉화음악회에도 나오셨고요. 또 송강호랑 임시완이 나왔던 영화 〈변호인〉에 나오는 실제 사건의 피해자셨다고 들었어요.

그래, 맞아. 〈변호인〉은 1981년 부산에서 있었던 '부림사건'을 소재로 한 영화인데, 노무현 대통령이 인생의 대 전환점을 맞으며 인권 변호사로 거듭나게 된 계기가 되었던 사건이야.

노무현 대통령과 이호철 전 수석이 일생을 같이하게 된 게 부림사건을 통해서라고도 할 수 있지.

정말 영화보다 더 영화 같은 사연이에요.

그런데 저 아저씨를 뭐라고 불러야 해요?

여기서는 이호철 수석님, 이호철 비서관님이라고도 불렀고, 대통령 기념관 건립 추진단장 하실 때는 단장님이라고도 불렀어. 지금은 뭐라 부르는 게 좋을까?

얼라들이 수석님, 비서관님 이러는 건 좀 그렇다 아입니까.

얘들아, 너희들은 뭐라고 부르고 싶어?

음… 선생님이요!

그래, 그게 딱이네.

선생님~ 이호철 선생님!

아이고, 깜짝이야! 너희들은 누꼬?

저희는 서울에서 왔어요. 노무현 대통령 할아버지 만나려고요.

그렇구나. 반가워요. 문고리님도 안녕하셨습니까.

어머, 이호철 수석님 안녕하세요. 오랜만에 뵈니 너무 반가워요.

애 다섯 키우느라 고생이 많으시죠? 진짜 애국자가 봉하마을에 오셨네요.

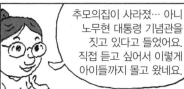
추모의집이 사라졌… 아니 노무현 대통령 기념관을 짓고 있다고 들었어요. 직접 듣고 싶어서 이렇게 아이들까지 몰고 왔네요.

예. 마침내 공사를 시작했습니다. 위치는 추모의집이 있던 자리고요. 2019년 3월 공사를 시작했는데요, 2020년 가을에서 2021년 봄에 완공하는 것을 목표로 하고 있습니다.

건축물이 지어지면 무엇을 넣을 것인지가 기념관에 대한 고민의 시작이었어요. 기념관은 중학생 정도 되는 아이들도 쉽게 이해할 수 있는 내용으로 구성되어야 한다고 생각했죠. 노무현 대통령을 만난 적이 없고 이야기만 들은 미래 세대들에게 그분이 어떤 분이고, 어떤 정치를 했고, 왜 봉하마을로 돌아갔고, 왜 돌아가셨고, 지금 가지는 의미는 무엇인지 알려주는 게 중요하다고 생각해요. 여기 다섯 아이들처럼 말이에요.

기념관 구상과 설계에 굉장히 많은 고민과 노력이 필요했을 거라고 생각해요. 대통령의 삶과 정신을 형상화한다는 게 보통 일이 아닐 것 같아요.

그래요. 사실 봉하마을은 마을 전체가 기념관이나 마찬가지에요. 마을과 봉화산, 들판은 대통령이 태어나 삶의 절반 가까이를 살았던 곳이고, 퇴임 이후에 생긴 시설들도 대통령의 뜻이 반영된 곳이기 때문이죠. 봉하마을에 존재하는 모든 것은 기념관과 유기적으로 연결되어 있다고 봐야 합니다. 생가나 대통령의집이 그랬듯이 새로운 기념관도 전체 풍경의 일부처럼 만들어져야 한다는 생각이에요.

'노무현 대통령 기념관(가칭)'은 봉하마을 임시 추모관 자리에 지상 2층 규모로 건립된다. 2014년부터 시작된 기념관 건립 프로젝트는 기본설계와 실시설계를 거쳐 2019년 3월 착공했다. 기념관에는 〈청년 노무현〉, 〈인권 변호사 노무현〉, 〈정치인 노무현〉, 〈대통령 당선〉, 〈대통령 노무현〉, 〈봉하마을에 돌아온 시민 노무현〉, 〈서거〉라는 일곱 가지 주제의 전시가 마련될 예정이다. 외관은 기념관 주변의 봉화산, 봉들들판과 자연스럽게 어우러지도록 디자인되었다. 기념관에는 전시공간 외에 작은 도서관과 카페, 세미나실 등이 들어가게 된다.

생전에 대통령께서 이런 말씀을 하셨어요. "대통령이 가지고 있는 생각을 국민들이 받아들이면 성공한 대통령이고, 국민들이 받아들이지 않으면 실패한 대통령"이라고요. 너희들은 어떻게 생각하니?

그동안 1천만 명에 가까운 사람들이 이렇게 멀리 봉하마을까지 찾아오는 걸 보면 노무현 대통령 할아버지는 충분히 성공한 대통령이 아니셨을까요? 돌아가신 지금도 국민들이 대통령님의 뜻을 되새기기 위해 봉하마을로 찾아오는 거니까요.

그래. 네 말이 맞다. "지사는 옳아야 하고, 장수는 이겨야 하지만 훌륭한 정치지도자는 옳으면서 이겨야 한다"는 말씀도 해주셨지. 세상을 바꾸려면 위대한 지도자 한 사람이 나타나서 되는 것이 아니란다. 국민들 마음속에 새로운 시대를 향한 올바른 생각이 자리 잡는 것이 무엇보다 중요해. 문화를 바꾸고 사람을 설득하는 과정이 필요하단다. 세상은 훌륭한 지도자 한 사람이 바꾸는 게 아니라, 많은 사람들의 마음이 함께 움직여야 바뀔 수 있지.

하부지, 하부지.

아빠, 유찬이가 노무현 대통령 사진보고 하부지래요.

유찬이는 좋겠네. 서울에는 친할아버지가 계시고, 완주에는 외할아버지가 계시고, 여기 봉하마을에는 대통령 할아버지가 계시니.

하하~ 그롷네 유찬이는 좋겠다

그래, 너희들의 밝은 모습을 보니까 나도 힘이 나는구나. 무엇보다 이번 봉하마을 여행을 통해 너희들이 자연 속에서 마음껏 뛰어놀기도 하고, 자유롭게 상상할 수 있는 마음의 여백을 갖게 되면 좋겠다. 그렇게 되겠지?

아, 오늘 하루 정말 꿈만 같았어요.

그래, 하고 싶은 거 실컷 다 했어?

엄마. 이제 시작인걸요. 내일은 어디를 갈까?

화포천으로 가볼래? 황새나 노랑부리 저어새를 만날지도 몰라.

좋아요. 그 대신 문고리 삼촌 카트에 저희들도 꼭 태워주셔야 해요?

저녁 먹기 전에 오늘의 마지막 코스는 자전거로 봉하들판 달리기, 어때?

우리한테는 자전거가 없잖아요?

너희들을 위해 아빠가 미리 준비했지. 실은 이 앞에 김해지역자활센터에서 우리 같은 방문객들을 위해 '대통령의 길 자전거 타기' 서비스를 하고 있단다. 1인용, 2인용도 자전거도 있고, 노무현 대통령님이 타고 다녔던 것과 비슷한 전기자전거도 있으니 원하는 자전거를 골라보렴.

그럼 유찬이는 어떻게 하죠?

유찬이는 트레일러를 연결해서 타면 되겠다.

이거 어디서 많이 본 거 같지 않아?
자, 그럼 출발해볼까?

앗흥~!? 하하하 깔깔 흐흐흐 하하하

너희들 뭐하니?

오늘 봉하마을에서 본 풍경들, 사람들, 이야기로 모둠 일기 쓰고 자려고요.

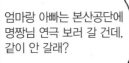
엄마랑 아빠는 본산공단에 명짱님 연극 보러 갈 건데, 같이 안 갈래?

저희도 눈치가 있지, 오랜만의 데이트에 끼고 싶진 않습니다요!

ㅋㅋ!

조금 늦을지도 모르니까, 10시 되면 꼭 자야 한다.

네, 걱정 마세요. 오늘 밤은 특별한 꿈을 꾸게 해달라고 빌 거예요.

'특별한 꿈'이 뭘까? 소원 비는 김에 엄마 아빠도 그 꿈에 꼭 끼게 해줘.

으흐흥…
안녕히 다녀오세요!

3부

2장

"제가 안내하겠습니다!"

제가 서 있는 자리가 예전에는 도랑이 있던 자리예요. 이 도랑을 따라서 동네 안으로 쑤~욱 들어가면 저기 왼쪽에 대밭집이 있었거든요.

이 사람이 말이에요. 실은 그 대밭집 처녀였습니다.

요 앞에 둑이 있죠? 그 둑길이 동쪽으로 2km 정도 뻗어 있는데요, 데이트하기 참 좋습니다. 이 사람하고 제가 참 많이도 걸어 다녔답니다.

아빠, 대통령 할아버지가 저기서 연애하고 다녔대요. 웃긴다, 웃겨!

사랑하는 사람끼리는 원래 그러는 거야. 어린 네가 뭘 알겠냐, 쯧쯧쯧.

대통령 할아버지, 여사님 얼마나 예뻤어요?

이만큼

우호~ 야~

어휴, 창피해.
내가 너희들 때문에
못 살겠다.

하하 괜찮아,
괜찮아~

험, 험~

거기서 저기 철둑길을
돌아서 보면 건너 산 아래
둑길이 또 나오거든요.
거기 농장을 한 바퀴 둑길로
뺑 돌면 3~4km는 족히
됩니다.

대통령님,
우리랑도 같이
걸으입시더!

아하, 그리
해보시겠습니까?

요 데이트 코스는 걸어가면
한 시간 정도 걸려요. 한 시간 거린데,
앞으로 여러분들하고 다시 산책을 좀 다닐
생각입니다. 저 혼자 걸으면 한 시간이고
여러분하고 같이 걸으면 두 시간은 잡아야지요.
옛날에는 세 시간씩 걸은 적도 있어요.
저희 부부의 데이트 코스, 여러분들에게는
공짜로 빌려드립니다.

아이고,
오늘은 고마 좀 참아 주십쇼.
제가 지금까지 봉하 이야기,
동네 자랑을 좀 했는데요.
자랑을 하면 앞으로 몇 시간을
더 해도 모자라지요. 오늘은
이 정도만 하겠습니다.

제가 이렇게
자랑을 드린 이유는,
그 이유는요….

앞으로,
여러분들이 자주 오셨으면 해서요.
자주 와주실 수 있겠습니까?

제가요, 해 뜨고 저기 화포천길 따라 KTX 지나가는 시간 되면, 본산 공단 너머에서 자동차 소리 들리는 시간이면 요 앞에 나와 있을게요. 여러분 제일 잘 보이는 곳에서 마중 나와 있겠습니다.

강금원 회장

김정호

이호철

문재인   유시민   명계남   릴라   문고리

예, 여러분 언제든 오십쇼. 혼자 오면 십리도 못가서 발병 나지요. 그러니 친구하고, 애인하고, 가족하고 그렇게 모여서 함께 오세요. 단체로 예약하고 오십시오. 예약 없이 오시면 제가 안내하기 어렵지 않겠습니까?

하하하하 예약하고 오셨습니다

아니 뭐 예약하지 않고 오셔도 좋습니다. 가다 오다 마주치면 제가 안내를 해드리지요. 제가 안내하겠습니다!

네~ 짝 짝 짝 짝

여러분들과 여기 봉하마을에서 늘 만나고 싶습니다. 전직 대통령, 정치인 그런 거 말고요. 저는 신세를 진 사람, 여러분은 도움을 주신 사람으로, 때로는 첫사랑처럼 보고 싶은 사람으로, 아니 그저 사람 대 사람으로 편안하게 만나고 싶습니다.

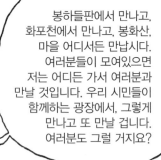

봉하들판에서 만나고, 화포천에서 만나고, 봉화산, 마을 어디서든 만납시다. 여러분들이 모여있으면 저는 어디든 가서 여러분과 만날 것입니다. 우리 시민들이 함께하는 광장에서, 그렇게 만나고 또 만날 겁니다. 여러분도 그럴 거지요?

여러분~

여러분, 제가 말 놓고 한마디 할까요.

하~ 제가 말입니다.

여러분, 제가 오늘 딱 말 놓고!
하고 싶은 이야기 한마디 하겠습니다.

감사합니다.
근데 이제 걱정입니다.
여러분 멀리서 오셨죠?

저는 울산에서
왔어요.

저는
강원도래요.

아따, 지는
광주에서
왔는디요~

우리는
제주에요,
제주!

여기 미국서
온 분도
있답니다!

여러분.
오늘 저녁은 어디서
묵으시렵니까?

강금원 기념
연수원이요.
예약하느라 아주
힘들었어요.

거기는 땅 잡으셨구만.
저희는 마을 입구에 있는
'더 봉하'에서 묵어요.

그쪽들은
그래도 방이라도
있네. 우리는
캠핑카에서
잡니다~

어휴, 어쩐답니까.
잠자리가 부족해서요.
마을은 요만~한데, 여러분은
이렇게 많고 걱정입니다.
저희 집에라도 모셔야 하는데,
집사람이 다는 못 들어간대요.

괜찮습니다!
천막도 좋습니다~
천막치고 돗자리 깔고
자겠습니다!

오늘은 이렇게 하십시다.
제가 그래도 이 나라 대통령을 지낸
사람인데, 김해 시장님, 봉하 이장님,
마을 어른들께 부탁해서 이 마당을 자주
빌릴게요. 이 마당도 우리 집이고,
진영도 우리 집이고, 혹시 김해 시장님
여기 계신가요? 아, 그새 가셨어요?
김해시도 우리 집이고~
그럼 됐지요?

네~
고맙습니다!!

다음에는 따로
모시겠습니다.
아주 편하게
모시겠습니다.

예~
고맙습니다!!

너그럽게
양해해주십시오.
그래 주시겠습니까?

예~!!
짝짝짝짝

여러분,
미안합니다.
그리고
참 고맙습니다.

어?
저기 황새가
날아간다~!!
오!

몇 시간 뒤면 저기 황새가 날아간
쪽에서 노을이 지고, 곧 밤이 찾아올
겁니다. 맛있는 저녁밥도 묵고, 오늘
실컷 뛰어다닌 우리 아이들 목욕도
좀 시키고, 그리고 별이 총총한
봉하의 밤을 마음껏 느껴보십쇼.
좋은 꿈도 꾸시고요. 다음에 또
웃으면서 만나 뵙도록 하지요.
오늘 정말 반가웠습니다.
다시 또 만나십시다!

안됩니다~
조금만 더
이야기 해요!

여러분~ 사랑합니다!

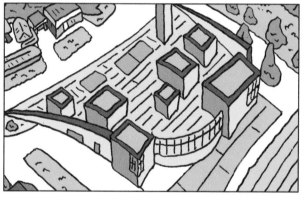

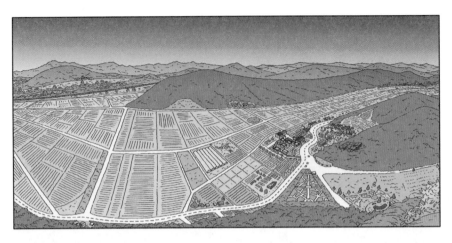

"사람이 온다는 건…"

- 정현종의 시(詩)로 다시 만나는 '방문객 노무현'

사람이 온다는 건
실은 어마어마한 일이다.

그는 그의 과거와 현재와
그리고 그의 미래와 함께 오기 때문이다.

한 사람의
일생이
오기 때문이다.

부서지기 쉬운
그래서 부서지기도 했을
마음이 오는 것이다.

그 갈피를 아마 바람은
더듬어 볼 수 있을 마음,

내 마음이 그런 바람을 흉내 낸다면
필경 환대가 될 것이다.

정현종 詩 '방문객'

연보

노무현 그리고 봉하마을

노무현의 탄생과 성장

1946년 9월 1일
경상남도 김해시 진영읍 본산리 봉하마을에서 아버지 노판석 씨와 어머니 이순례 씨 사이에서 3남 2녀 중 막내로 태어남(음력 8월 6일).

1953년 3월 2일
진영 대창국민학교 입학.

1959년 2월 1일
대창국민학교 졸업, 교육감상 수상.

1959년 3월
진영중학교 입학.

1961년 3월
부일장학생에 선발.

1963년 2월 1일
진영중학교 졸업.

1963년 3월
부산상고(현 개성고) 입학.

1966년 2월
부산상고 졸업, 어망회사인 삼해공업 입사.

1966년 5월
고향에 '마옥당'(磨玉堂)이란 토담집을 짓고 고시공부 시작.

1966년 11월
사법 및 행정요원 예비시험 합격.

1968년 3월 8일
육군 현역입대.

1971년 1월 23일
12사단 을지부대 상병 만기제대
(34개월 16일 복무).

1971년 5월
3급 공무원 1차 합격

1971년 10월
사법고시 1차 합격.

1973년 1월 29일
권양숙 여사와 결혼.

1974년 10월
개량 독서대 특허 출원
(실용신안공고-75.5).

1975년 3월 26일
17회 사법고시 합격.

1975년 9월 2일
사법연수원 7기 입소.

1977년 9월 6일
대전지방법원 판사 부임.

인권 변호사, 정치인 노무현

1978년 5월 5일
부산에 변호사 개업,
조세 전문 변호사로 활동.

1981년 9월
부림사건 변론.

1982년 3월
부산YMCA 시민중계실
무료법률상담 시작.

1982년 4월
송기인 신부에게 '유스토'라는
세례명으로 영세를 받음.

1982년 5월
부산 미국문화원 방화사건
변호인단 참여.

1982년 9월 2일
노무현·문재인 합동법률사무소
(현 법무법인 부산) 개소.

1984년 9월
노동법률상담소를 열고 울산, 마산, 창원, 거제,
구미공단 등을 다니며 노동운동 변론.

1985년 5월 3일
부산민주시민협의회 상임위원에 임명.

1986년 5월 19일
민주사회를위한변호사모임의 모태가 된
'정의실천법조인회' 창립 참여.

1987년 2월 7일
'故 박종철 국민추도회'에서 연행·구금.
부산지검 하룻밤 사이 4차례 구속영장 신청,
모두 기각. 사흘 만에 석방.

1987년 5월 20일
민주헌법쟁취 국민운동 부산본부
상임집행위원장에 임명.

1987년 9월 2일
대우조선 노조 고 이석규 씨 장례 방해, 제3자 개입 등의 혐의로 구속.
이후 99명의 변호인단이 참여한 구속적부심을 거쳐 23일 만에 석방.

1987년 11월 6일
대우조선 노사분규와 관련해
법무부로부터 변호사 업무정지 처분.

1987년 12월 2일
제13대 대통령선거 민주쟁취국민운동
공정선거감시단 부산본부장으로 위촉.

1988년 4월 13일
선거 홍보물 〈사람사는 세상〉 제1호 발간,
허삼수 후보의 부정선거 고발.

1988년 4월 23일
선거 홍보물 〈사람사는 세상〉
제6호를 발간.

1988년 4월 26일
제13대 국회의원(통일민주당,
부산 동구) 당선.

1988년 5월 28일
'정의실천법조인회' 창립 2주년
기념총회 참가. '민주사회를 위한
변호사 모임'으로 명칭 변경.

1988년 6월 4일
국회 노동위원회 활동.
변호사 업무정지 처분 해제.

1988년 11월 2일
국회 5공 비리특위 일해재단 청문회 소집, 참여.

1989년 3월 17일
제도정치에 한계를 느끼고
김재순 국회의장에게 우편으로
국회의원직 사퇴서 제출.

1989년 3월 22일
민주당, 최형우 원내총무 명의로 김재순
국회의장에게 사퇴서 반려 공한 전달.
평민당 평화민주통일연구회 소속 의원 12명,
노무현 사퇴 불가 입장 발표.

1989년 4월 2일
민주당 부산 동구지구당 및 민주산악회 회원들 상경.
노무현 의원 여의도 자택에서 의원직 사퇴 철회 요구
농성, 지역주민 대상 서명 운동.

1989년 4월 3일
국회의원직
사퇴의사 철회.

1990년 1월 30일
통일민주당 3당 합당 결의 임시전당대회에
참석, "이의 있습니다!"를 외치며
합당 반대를 주장.

1990년 6월 15일
민주자유당 합류를 거부한 통일민주당
의원 등과 '젊은 야당'과
'정치권 세대 교체'를 내걸고
민주당 창당.

1991년 9월 17일
신민주연합당과 통합해 새로 출범한
민주당 초대 대변인에 임명.

1992년 3월 24일
제14대 국회의원선거
(민주당, 부산 동구) 낙선.

1992년 8월 4일
제14대 대통령선거 민주당 청년특별위원회 위원장에 임명.

1993년 3월 11일
민주당 최연소(만 42세)
최고위원 당선.

1993년 9월 18일
지방자치실무연구소 창립총회.

1993년 9월 28일
여의도에 지방자치실무연구소 개소.

1995년 2월 24일
민주당 부총재 선출.

1995년 6월 27일
제1회 지방선거(민주당, 부산시장) 낙선.

1995년 12월
새정치국민회의 창당 전후
민주당 '구당(救黨)과 개혁을 위한 모임'을 결성, 통합민주당 창당.

1996년 4월 11일
제15대 국회의원선거
(통합민주당, 서울 종로) 낙선.

1997년 11월 18일
제15대 대통령 선거 새정치국민회의
부산·경남·울산 선거대책기구
공동의장에 선임.

1997년 11월 26일
수도권 특별유세단(파랑새 유세단)
단장에 선임.

1997년 12월 3일
새정치국민회의 김대중 대통령 후보
지원 방송 연설.

1997년 12월 18일
15대 대통령선거, 새정치국민회의 김대중 후보 당선.

1998년 7월 21일
제15대 국회의원 보궐선거
(새정치국민회의, 서울 종로) 당선.

1998년 8월 11일
국회에서 제15대 국회의원 선서,
국회 교육위원회에 배정

1999년 2월 9일
제16대 총선 부산 경남 지역출마 공식 선언.

1999년 4월 8일
후원회 발족, 후원회장 이기명.

2000년 4월 13일
제16대 국회의원선거(새천년민주당,
부산 북강서을) 낙선.

2000년 6월 6일
최초의 정치인 팬클럽
'노무현을 사랑하는 사람들의 모임'(노사모)
창립총회.

2000년 8월 7일
제6대 해양수산부 장관 취임.

2001년 12월 3일
〈노무현이 만난 링컨〉 출간.

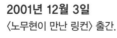

2001년 12월 10일
〈노무현이 만난 링컨〉 출판기념회 및 후원회 개최.
'낮은 사람, 겸손한 권력, 강한 나라'를 캐치 프레이즈로
제16대 대통령선거 출마 공식 선언.

2002년 4월 27일
국민참여경선을 통해 새천년민주당
제16대 대통령후보로 선출.

2002년 12월 19일
제16대 대통령 당선.

대한민국 제16대 대통령 노무현

2003년 2월 25일
제16대 대통령 취임.

2003년 3월 9일
'전국 검사들과의 대화' 공개토론.

2003년 4월 18일
대통령 별장 '청남대' 국민들에게 개방.

2003년 5월 15일
미국 부시 대통령과 한미정상회담에서
용산미군기지 조기 이전 합의.

2003년 6월 12일
'국가균형발전을 위한 구상'
3대 원칙 7대 과제 발표.

2003년 10월 31일
제주 4·3사건 발생 55년 만에
처음으로 정부차원 공식 사과.

2004년 1월 29일
지방화와 균형발전시대 선포식.

2004년 3월 12일
대통령 탄핵소추안 국회 의결로 직무 정지.

2004년 5월 14일
헌법재판소 탄핵 기각 결정으로
64일 만에 직무 복귀.

2004년 8월 15일
제59주년 광복절 경축사에서
포괄적 과거사 청산,
진상규명특별위원회 국회 설치 제안.

2004년 12월 8일
이라크 자이툰 부대 방문.

2005년 4월 30일
톱다운(Top-down) 예산편성제도 도입에
따른 첫 국무위원 재원배분회의 주재.

2005년 5월 16일
첫 '대기업·중소기업 상생협력 대책회의' 주재.

2005년 6월 6일
공공기관 지방이전 계획 발표.

2005년 8월 31일
서민주거 안정과 부동산 투기 억제를 위한
부동산제도 개혁방안 발표.

2005년 10월 1일
제57주년 국군의 날 기념사에서
전시작전통제권 환수와 자주국방의 의지 천명.

2005년 11월 18일
부산 벡스코에서 고이즈미 준이치로 일본 총리와 한·일 양자회담 개최. 신
사참배, 역사문제, 독도문제 등 일본의 역사인식에 대한 강경 입장 통보.

2006년 2월
청와대 업무관리시스템
e지원 특허 취득.

2006년 4월 5일
제61회 식목일 여주군 금사면 주록리
사슴마을 앞산에 주민들과 소나무 식수.
향후 산림정책 방향으로 '경제성이 있는
숲 가꾸기'와 '마을과 도시 숲 가꾸기' 제시.

2006년 4월 20일
국회 인사청문회를 통과한
한명숙 총리에게 임명장 수여
(정부 최초의 여성 국무총리).

2006년 4월 25일
"존경하는 국민 여러분, 독도는
우리 땅입니다"로 시작하는
한일관계 특별 담화 발표.

2007년 6월 2일
참여정부평가포럼 강연, 시민주권사회
실현을 위한 참여운동 제안.

2007년 7월 20일
행정중심복합도시
세종특별자치시 기공식.

2007년 6월 12일
공공기관 지방이전에 따른 혁신도시
첫 기공식(제주 서귀포).

2007년 10월 2일~4일
군사분계선을 걸어서 방북,
10·4 남북정상선언.

2007년 10월 18일
벤처기업인을 위한 특강, '진보적 시민민주주의' 제안.

자전거 탄 대통령, 시민 노무현

2008년 2월 25일
제16대 대통령 퇴임, 봉하마을 귀향.

2008년 3월 6일
김해시장, 지역주민들과 화포천,
봉하마을 청소 시작.

2008년 3월 8일
부산 민주공원 참배. 방명록에
'돌아왔습니다. 계속하겠습니다.
거듭 감사드립니다'라고 씀.

2008년 3월 29일
봉하마을 뒷산에 장군차 나무
식수(5월 말까지).

2008년 4월 20일
광주 국립 5·18민주묘지 참배,
방명록에 '강물처럼' 남김.

2008년 4월 21일
전남 함평 '세계 나비·곤충 엑스포' 참석. 국제나비생태관 앞에 팽나무 기념식수.
방명록에 '아름다운 창조의 현장입니다. 수고 많으셨습니다'라고 씀.

2008년 4월 24일
'친환경 농사를 위한
봉하마을 워크숍' 참석.
오리농법 현장 견학.

2008년 4월 26일
화포천 지킴이 봉하마을 감시단
발대식 참석.

2008년 5월 4일
노삼모(노무현 대통령과 삼겹살 파티를 준비하는 모임) 회원들과 함께
봉하마을 가꾸기 행사에 참여.

2008년 5월 5일
봉하마을에서 볍씨 파종 작업을
위해 모판을 나름.

2008년 6월 7일
제9회 노사모 정기총회 참석.

2008년 6월 14일
친환경 오리농법을 위해
봉하마을 농장에 오리를
풀어놓는 입식 행사에 참석.

2008년 7월 3일
봉하마을 주민들과 생태경관 조성사업
벤치마킹을 위해 전남 함평군 방문.

2008년 7월 16일
홈페이지 '사람사는 세상'에
'이명박 대통령께 드리는 편지' 게시.

2008년 7월 24일
뉴라이트전국연합 등, 노 대통령과 참모진을 '대통령기록물관리법' 위반으로 고발.

2008년 8월 31일
퇴임 후 첫 번째이자 62회 생일을 앞두고 봉하마을 정자에서 지지자들과 생일축하 자리. 봉하마을 주민 초대 사저 집들이.

2008년 9월 6일
강금원 창신섬유 회장의 장남과 이병완 전 청와대 비서실장의 맏딸 결혼식 주례.

2008년 10월 2일
10·4 남북정상선언 1주년 기념식 강연.

2008년 10월 20일
봉하마을 논에서 콤바인을 직접 몰고 오리쌀 수확.

2008년 10월 25일
자원봉사자들이 만든 '사람사는세상' 정자 준공식 참석.

2008년 12월 4일
노건평 씨, 알선수재 혐의로 서울구치소 수감.

2008년 12월 5일
마지막 방문객 인사.
(2008년 3월 1일부터 그해 12월 5일까지 총 153일, 369회에 걸쳐 방문객 인사를 함.)

2009년 1월 13일
대검, 이인규 중수부장 임명.

2009년 2월 3일
화포천에 천연기념물 제205호인 노랑부리저어새 3마리 월동 확인.

2009년 3월 3일
봉하들판 생태연못과 둠벙 조성.

2009년 3월 4일
대통령, '정치하지 마라' 글 올리다.

2009년 4월 11일
권양숙 여사 부산지검 출석 비공개 조사.

2009년 4월 12일
노건호 씨 검찰에 참고인 조사
(이후 5차례 추가 조사).

2009년 4월 15일
봉하 미생물센터 개장, 자연농업 강의 및
생물액비 제조실습.

2009년 4월 22일
대통령, 마지막 글 '여러분은 저를 버리셔야 합니다' 올리다.

2009년 4월 30일
대통령, 대검 중수부 출석. 봉하마을 파종.

2009년 5월 14일
홈페이지 '사람사는세상'이 '사람사는세상, 봉하마을'로 이름이 바뀌고,
생태농업과 친환경사업 등을 소개하는 사이트로 개편.

2009년 5월 20일
대통령, 〈성공과 좌절〉 마지막 글 쓰다.

2008년 5월 23일
대통령 서거.

2009년 5월 26일
서거 사흘째. 새벽 2시, 빈소가 차려진
봉하마을회관에서 입관식이
비공개로 진행.

2009년 5월 29일
국민장으로 영결식이 엄수.

노무현, 그 후 봉하마을

2009년 6월 1일
봉하마을 모심기.

2009년 6월 4일
대통령 49재 첫 제사.

2009년 6월 10일
봉하 친환경 생태농사
오리 농군 입식.

2009년 7월 10일
대통령 안장식. 오전 9시 봉화산 정토원에서
49재가 봉행. '봉하 전례위원회'에서
추모재단 설립 추진 결정.

2009년 9월 23일
(재)아름다운 봉하마을 및
노무현재단 창립, 친환경 쌀 방앗간
착공(9월).

2009년 9월 24일
대통령 생가 복원식.

2009년 10월 31일
봉하마을 친환경 쌀 방앗간 준공,
첫 가동. 대통령 묘역 봉하쌀 헌정식.

2009년 11월 19일
제1회 사랑의 쌀 나누기 행사 개최.

2009년 12월 15일
노무현 대통령 묘역 국민참여박석 캠페인.

★ 2009년 봉하 친환경 생태농업
• 친환경인증(무농약) 봉하마을 50농가 24만평 참여.

2010년 1월 16일
국민참여박석 1만5천개 마감.

2010년 2월 28일
정월대보름 달집태우기 행사.

2010년 3월 21일
노무현 대통령 추모의집 건립 추진.

2010년 4월 26일
노무현 대통령 자서전 〈운명이다〉 출간.

2010년 5월 1일
장군차 헌다의례.

2010년 5월 7일
임시 사료관 개관(김해시 진영).

2010년 5월 16일
임시 추모의 집 개관.

2010년 5월 23일
1주기 추도식 엄수.
국민참여박석 및 묘역 완공.

2010년 6월 10일
오리 입식행사.

2010년 8월 28일
노무현 대통령 탄생 64주년 기념
'작은 음악회'(제1회 봉하음악회) 개최.

2010년 10월 21일
노무현재단
제1회 봉하캠프 개최.

2010년 10월 19일
봉하마을 친환경 쌀 방앗간,
생산이력추적제 실시.

2010년 10월 26일
봉하마을 친환경 쌀 방앗간, GAP인증 획득.

2010년 11월 28일
'제1회 나눔의 봉하밥상–봉하쌀 봉하김치 나누기' 개최.

2010년 11월 31일
가을걷이 한마당 행사.

★ 2010년 봉하 친환경 생태농업
• 친환경인증(무농약) 봉하, 퇴래, 장방, 신전 등 4개 마을 면적 32만평, 94농가 참여.

2011년 1월 1일
노무현재단 신년 합동참배.

2011년 1월 31일
제4회 사랑의 쌀 나누기.

2011년 5월 1일
장군차 헌다의례, 봉하 추모전시 개관.

2011년 5월 14일
대통령의 길 제2코스 화포천길 개장.

2011년 5월 16일
추도 시화전(부산문인협회) 개최.

2011년 5월 21일
김제동 토크콘서트 개최.

2011년 5월 22일
서거 2주기
봉하 추모문화제 개최.

2011년 5월 23일
서거 2주기 추도식 엄수.

2011년 6월 12일
풍년기원제 및 오리입식 행사 개최.

2011년 8월 27일
노무현 대통령 탄생 65주년 기념
'봉하음악회' 개최.

2011년 10월 29일
가을걷이 한마당 행사 개최.

2011년 11월 7~15일
제1회 국화분재 전시회 개최.

2011년 11월 27일
'제2회 나눔의 봉하밥상—봉하쌀 봉하김치 나누기' 개최.

★ 2011년 봉하 친환경 생태농업
• 친환경인증 35만평 52농가 참여
  – 유기전환기 : 봉하 28농가 11만평
  – 무농약 : 봉하, 퇴래, 장방, 신전 등 4개 마을 66농가 24만평

2012년 1월 1일
노무현재단 신년 합동참배.

2012년 1월 13일
봉하 청소년캠프 개최.

2012년 2월 6일
정월대보름 달집태우기 행사.

2012년 5월 1일
장군차 헌다의례.

2012년 5월 5일
제1회 봉하 어린이날 행사 개최.

2012년 5월 20일
서거 3주기
추모 토크콘서트 개최.

2012년 5월 23일
서거 3주기 추도식 엄수.

2012년 6월 10일
풍년기원제 및 오리입식 행사 개최.

2012년 9월 1일
노무현 대통령 탄생 66주년 봉하음악회 개최.

2012년 9월 1일
친환경 농산물 판매장
봉하장터(현 봉하장날) 개장.

2012년 11월 3~11일
제2회 국화분재 전시회 개최.

2012년 11월 10일
가을걷이 한마당 행사 개최.

2012년 12월 9일
'제3회 나눔의 봉하밥상—봉하쌀 봉하김치 나누기' 개최.

★ 2012년 봉하 친환경 생태농업
- 친환경인증 48만평 191농가 참여
  - 유기전환기 : 봉하 28농가 11만평
  - 무농약 : 봉하, 퇴래, 장방, 신전, 가동 등 5개 마을 163농가 37만평

2013년 1월 1일
노무현재단 신년 합동참배.

2013년 2월 24일
정월대보름 달집태우기 행사 개최.

2013년 5월 5일
봉하 어린이날 행사 개최.

2013년 5월 8일
봉하 토요강좌 개최.

2013년 5월 17일
야생화 전시회 개최.

2013년 5월 19일
장군차 헌다의례.

2013년 5월 23일
서거 4주기 추도식 엄수.

2013년 6월 8일
친환경농산물복합가공센터 준공, 농기계창고 및 친환경바이오센터 준공.

2013년 6월 8일
풍년기원제 및 오리입식 행사 개최.

2013년 7월 25일
여름 청소년 봉하캠프 개최.

2013년 8월 31일
노무현 대통령 탄생 67주년 기념 봉하음악회 및 봉하한마당 개최.

2013년 9월 28일
'김제동 봉하특강' 개최.

2013년 11월 2~10일
제3회 국화분재 전시회 개최.

2013년 11월 20일
생태문화공원 착공.

2013년 12월 8일
'제4회 나눔의 봉하밥상—봉하쌀
봉하김치 나누기' 개최.

★ 2013년 봉하 친환경 생태농업

- 친환경인증 45만평 181농가 참여
  - 유기전환기 : 봉하 28농가 11만평
  - 무농약 : 봉하, 퇴래, 장방, 신전, 가동 등 5개 마을 153농가 34만평

2014년 1월 1일

노무현재단 신년 합동참배.
노무현사료연구센터 출범.

2014년 1월 10일

대학생 이끄미 및
청소년 봉하캠프 개최.

2014년 2월 14일

정월대보름
달집태우기 행사 개최.

2014년 5월 1일

서거 5주기 추모전시회 개막.

2014년 5월 20일

글로벌네트워크 봉하캠프 개최.

2014년 5월 23일

서거 5주기 추도식 엄수.

2014년 6월 8일

노짱 캐릭터논 손모심기 및
오리입식 행사 개최.

2014년 7월 31일

여름 청소년 봉하캠프 개최.

2014년 8월 30일

노무현 대통령 탄생 68주년 기념
봉하음악회 및 봉하한마당 개최.

2014년 10월 25일

봉하 '숲·늪·들 체험' 행사 개최

2014년 11월 1~16일
제4회 국화분재 전시회.

2014년 12월 7일
'제5회 나눔의 봉하밥상–봉하쌀 봉하김치 나누기' 개최.

★ 2014년 봉하 친환경 생태농업
• 친환경인증 38만평 191농가 참여
 – 유기농 : 봉하 23농가 7만평
 – 유기전환기 : 봉하 15농가 5만평
 – 무농약 : 봉하, 퇴래, 장방, 신전, 가동 등 5개 마을 121농가 26만평

2015년 1월 1일
노무현재단 신년 합동참배.

2015년 3월 28일
봉하 생태체험 연중 수시 진행.

2015년 5월 1일
특별전시 '친필로 만나는 노무현' 개막.

2015년 5월 5일
봉하 어린이날 행사 개최.

2015년 5월 10일
장군차 헌다의례.

2015년 6월 14일
노짱 캐릭터논 손모심기 및
오리입식 행사 개최.

2015년 5월 23일
서거 6주기 추도식, 경남지역 친환경로컬푸드
직매장 '봉하장날' 확대개장.

2015년 7월 11일
봉하 친환경 생태캠프 개최.

2015년 8월 29일
노무현 대통령 탄생 69주년 기념 봉하음악회 개최.

2015년 9월 20일
생태문화공원 준공.

2015년 11월 7~22일
제5회 국화분재 전시회 개최.

2015년 12월 6일
'제6회 나눔의 봉하밥상—봉하쌀 봉하김치 나누기' 개최.

★ 2015년 봉하 친환경 생태농업
• 친환경인증 32만평 151농가 참여
 – 유기농 : 봉하 20농가 7만평
 – 유기전환기 : 봉하 9농가 3만평
 – 무농약 : 봉하, 퇴래, 장방, 신전, 가동 등 5개 마을 122농가 22만평

2016년 1월 22일
겨울 청소년 봉하캠프 개최.

2016년 2월 20일
봉하 생태체험 연중 수시 진행.

2016년 5월 1일
특별전시 및 '대통령의집' 특별개방.

2016년 5월 5일
봉하 어린이날 행사 개최.

2016년 5월 10일
장군차 헌다의례.

2016년 5월 19일
'김제동 봉하특강' 개최.

2016년 6월 12일, 18일
영호남(봉하—전남 장성)
릴레이 노짱 캐릭터논
손모심기 행사 개최.

2016년 5월 23일
서거 7주기 추도식 엄수.

2016년 6월 30일
봉하들판 농업진흥지역 해제
대상지역 포함, 이의 신청.

2016년 8월 2일
여름 청소년 리더십 봉하캠프 개최.

2016년 8월 27일
노무현 대통령 탄생 70주년 기념 봉하음악회 개최.

2016년 8월 28일
대통령의집 특별관람 진행
(~9월 4일).

2016년 9월 3일
봉하마을 생태문화공원
프로그램 시작.

2016년 11월 2일
봉하 마옥당 단감 첫 수확 기념
온라인 이벤트 실시.

2016년 11월 5~20일
제6회 국화분재 전시회 개막.

2016년 12월 11일
'제7회 나눔의 봉하밥상—봉하쌀 봉하김치 나누기' 개최.

★ **2016년 봉하 친환경 생태농업**

- 친환경인증 24만7천평 134농가 참여
  - 유기농 : 봉하 6농가 6천평
  - 유기전환기 ; 봉하, 퇴래, 장방, 신전 등 36농가 5만7,000평
  - 무농약 : 봉하, 퇴래, 장방, 신전, 가동 등 5개 마을 92농가 18만평

2017년 1월
봉하마을 생태문화공원 체험프로그램(연중 수시 진행).

2017년 1월 1일
노무현재단 신년 합동참배.

2017년 1월 17일
겨울 청소년 리더십 봉하캠프
'봉하에서 말하는대로' 진행.

2017년 1월 23일
'설맞이 사랑의 봉하쌀 나누기'
행사 개최.

2017년 5월 1일
'대통령의집' 8주기
특별관람 진행(~5월 28일).

2017년 5월 12일
김제동 봉하특강
'시민, 세상을 밝히다' 개최.

2017년 5월 23일
서거 8주기 추도식 엄수.

2017년 6월 4일
노짱 캐릭터논 손모심기 행사 개최.

2017년 7월 25일
여름 청소년리더십 봉하캠프
'봉하, 상상한대로'개최 (~27일).

2017년 8월 26일
노무현 대통령 탄생 71주년
기념 봉하음악회
'그 사람 노무현' 개최.

2017년 9월 27일
친환경 생태농업 10년 기념
'2017 추석맞이 사랑의 봉하쌀 나눔' 진행.

2017년 10월 23일
봉하마을 생태문화공원
경상남도 생태환경 체험교육 협력기관 선정.

2017년 10월 28일
가을 봉하캠프 '사람사는세상
봉하로 모여라!' 개최 (～29일).

2017년 12월 2일
2017년 봉하마을 방문객
누계 100만 돌파.

2017년 12월 10일
'제8회 나눔의 봉하밥상－봉하쌀 봉하김치 나누기' 개최.

★ 2017년 봉하 친환경 생태농업
- 친환경인증 29만6,324평 153농가 참여
  - 유기농 : 봉하, 신전, 장방, 퇴래 등 25농가 3만8,023평
  - 유기전환기 : 봉하, 가동, 신전, 장방, 퇴래 등 32농가 6만6,108평
  - 무농약 : 봉하, 신전, 장방, 퇴래 등 96농가 19만2,193평

2018년 1월 1일
노무현재단 신년 합동참배.

2018년 1월 9일
봉하마을 생태문화공원
체험프로그램(연중 수시 진행).

2018년 1월 23일
겨울 청소년 봉하캠프
'다 같이, 놀자' 개최.

2018년 1월 25일
'설맞이 사랑의 봉하쌀－간식 나누기'
(전국 84개 전국지역아동센터).

2018년 2월 20일
노무현 대통령 귀향 10주년 기념
'대통령의집' 특별개방.

2018년 2월 24일
노무현 대통령 귀향 10주년 기념 '자원봉사자 홈커밍데이' 행사 개최.

2018년 4월 28일
시민리더십 봉하 일일강좌 〈토론 잘하는 시민이 되자〉 진행.

2018년 5월 1일
'노무현 대통령의집' 정식 개방, 강금원 기념 봉하연수원 개원

2018년 5월 5일
봉하 어린이날 행사
'봉하로 소풍가자' 개최.

2018년 5월 11일
김제동 봉하특강
'사람사는세상' 개최.

2018년 5월 14일
어록집 〈노무현의 사람사는세상〉 발간.

2018년 5월 23일
9주기 추도식 엄수.

2018년 6월 3일
9번째 노짱 캐릭터논 손모심기 실시.

2018년 9월 1일
노무현 대통령 탄생 72주년
봉하음악회 개최.

2018년 9월 30일
노무현 대통령 추모의집 폐관.

2018년 9월 11일
제10회 봉하 햅쌀 헌정식.

2018년 11월 5일
제8회 봉하 국화분재 전시 개막.

2018년 11월 11일
노짱 캐릭터논 가을걷이.

2018년 12월 22일
'2018 노무현재단
회원의 날' 행사 개최.

★ 2018년 봉하 친환경 생태농업
- 친환경인증 32만5,475평 191농가 참여
  - 유기농 : 봉하, 가동, 장방, 퇴래 등 30농가 4만3,750평
  - 유기전환기 : 봉하, 장방, 퇴래 등 32농가 4만9,615평
  - 무농약 : 봉하, 가동, 신전, 장방, 퇴래, 명동, 인현 등 129농가 23만2,146평

2019년 1월 1일
노무현재단 신년 합동참배.

2019년 1월 2일
대통령의집 관람 프로그램
상시 운영.(매주 수요일~일요일)

2019년 1월 21일
2박 3일 겨울 청소년
봉하캠프 개최.

2019년 5월
생태캠프 운영(9월말까지).

2019년 5월
우리동네 탐사단 운영
(10월말까지).

2019년 5월 1일
노무현 대통령 서거 10주기
봉하 추모전시 개막.

2019년 5월 1일
봉하 장군차
헌다의례 개최.

2019년 5월 5일
봉하 어린이날 행사.

2019년 5월 23일
노무현 대통령 서거
10주기 추도식.

2019년 6월 9일
10번째 노짱 캐릭터는 손모심기.

2019년 7월
1박2일 가족 봉하캠프.

2019년 8월 31일
노무현 대통령 탄생 73주년
봉하음악회.

2019년 12월
'제8회 나눔의 봉하밥상─봉하쌀
봉하김치 나누기'.

★ **2019년 봉하 친환경 생태농업**
- 친환경인증 33만5,987평 180농가 참여
  - 유기농 : 봉하, 가동, 장방, 퇴래 등 20농가 4만6,849평
  - 유기전환기 : 봉하, 장방, 퇴래 등 32농가 1만5,869평
  - 무농약 : 봉하, 가동, 신전, 장방, 퇴래, 명동, 인현 등 129농가 27만3,269평